ANDREAS JANITZKI

1 mal 1
des Angelns

KOSMOS

Rute, Rolle, Haken – die Grundaustattung   4

    Die Angelausrüstung für den Einsteiger   5
    Die richtige Angelrute   6
    Aktion   7
    Teleskop- und Steckrute   8
    Ringe   9
    Rollen   10
    Die Angelschnur   12
    Das Vorfach   14
    Wirbel   16
    Haken   17

Posen lassen den Biss erkennen   22

    Die richtige Wahl   22
    Laufpose   25
    Leuchtposen und Knicklichter   26
    Bleischrot und Grundbleie   27

Zubehör für das Angeln auf Raubfische   29

    Köder für Raubfische   29
    Bleiköpfe   30
    Die Einsteigerausrüstung im Überblick   31

Das richtige Gewässer wählen   32

    Die Gewässergröße   32
    Orientieren Sie sich   33

Auswerfen mit der richtigen Technik   36

    Eine elementare Übung   36
    Der Überkopfwurf   37
    Pendelwurf und seitliches Auswerfen   39

Das Posenangeln auf Weißfische

- 40 Die pfeilförmige, fest stehende Pose
- 43 Die Köder
- 47 Der Haken
- 50 Die Laufpose kommt zum Einsatz
- 51 Posenangeln im Fließwasser

Angeln mit dem Grundblei

- 57 Vorteile und Einsatzbereich
- 57 Bisserkennung über die Rutenspitze
- 58 Bissanzeiger
- 61 Die Grundbleimontage

Das Raubfischangeln

- 63 Der Aal
- 66 Der Hecht
- 67 Der Zander
- 68 Das Spinnfischen – aktiv auf Räuber
- 70 Kunstköder für das Spinnfischen
- 72 Angeln im Forellenteich – eine spezielle Technik

Die Beute schnappt zu – Anhieb, Drill und Landung

- 74 Der Anhieb
- 76 Der Drill
- 78 Der Kescher
- 80 Das Landen

Extra: Lexikon der Angelfische

- 90 Adressen
- 91 Zum Weiterlesen
- 92 Register

Rute, Rolle, Haken – die Grundausstattung

Ein kleiner Junge sitzt neben einem alten Mann am Seeufer. Neugierig und fasziniert beobachtet er, wie der Alte mit einem langen Stock und einem Stück Schnur Fische fängt. Einen nach dem anderen balanciert er geschickt über ein Netz und bugsiert dann die Beute sicher ans Ufer.

Dieser kleine Junge war ich. Meine Anfänge im Angeln, aber auch viele meiner späteren Erfahrungen waren immer von anderen begleitet. Das ist auch gut so, denn in punkto Angeln lernt man nie aus. Damals begann ich, wie der alte Mann es mir vorgemacht hatte, mit einer Rute aus Bambus; also eigentlich mit nichts als einem langen Stock, der mit Schnur, Pose (Schwimmer) und Haken versehen war. Damit fing ich Brassen, Rotaugen und Güster – allesamt Friedfische. Ungefähr vier Jahre später kaufte mir mein Vater eine richtige Angel, versehen mit einer Rolle und den nötigen Kleinteilen, um gezielt auf andere Fischarten angeln zu können. Wer in das Hobby der Fischwaid hinein schnuppern will, braucht keineswegs Unmengen an Ruten, Rollen und Zubehör. Es lassen sich die verschiedensten Fischarten mit einer Garnitur fangen, die kein Vermögen kosten muss.

Früh übt sich ... Angeln ist ein schönes Hobby für Jung und Alt.

Rechtliche Bestimmungen

Das erste Hindernis für Einsteiger in den Angelsport ist oft gar nicht das riesige Angebot an Angelgeräten und -zubehör, sondern sind unsere gesetzlichen Bestimmungen. Wer angeln möchte, braucht einen Fischereischein, vor dessen Erwerb man meist auch eine Prüfung ablegen muss. Dazu kommt noch ein Erlaubnisschein, den man für das jeweilige Angelgewässer kaufen muss. Um das Ganze noch komplizierter zu machen, ist die gesetzliche Regelung je nach Land bzw. Bundesland unterschiedlich. Im Anhang finden Sie eine Liste mit Kontaktadressen, an die Sie sich wenden können, um die geltenden Bestimmungen für Ihr Angelrevier zu erfragen.

Die Angelausrüstung für den Einsteiger

Wo und wie auch immer Sie mit dem Angeln beginnen wollen, der erste Schritt ist die Angelausrüstung, ohne Basis-Equipment geht es nun mal nicht. Natürlich wird ein Anfänger vernünftigerweise nach einer Ausrüstung suchen, die es ihm erlaubt, mit einem überschaubaren Aufwand am Wasser erfolgreich zu sein. Ich werde Ihnen hier eine Gerätekombination vorstellen, von der ich meine, dass sie sehr vielen Situationen am Wasser gerecht wird und den Einsteiger von Anfang an mit Erfolg am Wasser begleitet.

Es gibt sehr viele Angelmethoden, die wichtigsten unter ihnen werden Sie in diesem Buch kennen lernen. Entsprechend unterscheidet man auch die Ausrüstung nach dem Zweck, den sie erfüllen soll. Eine Angel besteht, grob betrachtet, aus Rute (wird auch Blank genannt), Rolle und Schnur; dazu kommt die so genannte Montage, bestehend aus Schwimmer (Pose) mit Bleischroten oder Grundgewicht, einem Haken und natürlich dem Köder.

Die richtige Angelrute

Sieht man einen Petri-Jünger am Wasser, so ist es immer erst die Angelrute, die einem ins Auge fällt. Sie dient als verlängerter Arm beim Auswerfen der Köder und als sensibler Stoßdämpfer beim Drillen (Landen) eines Fisches.

Wenn Sie sich schon einmal in einem Angelgeschäft umgesehen haben, werden Sie wissen, dass es eine fast unüberschaubare Fülle unterschiedlichster Angelruten gibt. Doch welche ist die richtige? Vorerst heißt das Schlüsselwort im Angellabyrinth Allroundrute – also ein Modell, das viele Variationsmöglichkeiten offen hält. So etwas gibt es tatsächlich!

Wurfgewicht

Das Wurfgewicht einer Rute, das im Bereich des Handteils angegeben ist, wird durch den Hersteller ermittelt. Die Angabe ist als Richtwert zu verstehen und gibt das Gewicht von Blei plus Köder der Montage in Gramm an, bei dem die Angel beim Auswurf optimal „arbeitet" – Sie erinnern sich an den verlängerten Arm ... Wird dieses angegebene Wurfgewicht extrem überschritten, kann der Auswurf zum Bruch der Rute führen. Eine deutliche Unterschreitung hingegen verringert nur die Wurfweite. Manche meinen, dass eine Angel für Allroundzwecke ein sehr hohes Wurfgewicht – bis zu 100 Gramm – haben müsse, um ausreichend Sicherheitsspielraum zu bekommen. Ich halte das für Unsinn, denn mit steigendem Wurfgewicht wird ja der Blank steifer und, vor allem was den Fang von kleineren Fischen angeht, erheblich unsensibler. Genau das kann aber nicht der Sinn einer Allroundrute sein! Um sowohl kleine als auch große Fische mit einer Rute zu fangen, muss ein brauchbarer Mittelweg gefunden werden.

> **TIPP**
>
> Irgendwo im Bereich des Handteiles einer Rute ist die Rutenlänge und deren Wurfgewicht, meist in Gramm, aufgeführt. Für Einsteiger ist eine „Gerte" von 3,60 m und einem Wurfgewicht von 20 bis 60 g ideal. Das Wurfgewicht errechnet sich aus dem Gewicht von Blei plus Köder.

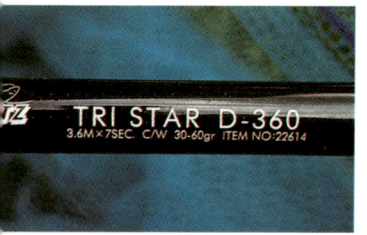

Aktion

Die Aktion einer Angel ist die Art, wie sich die Rute bei Belastung durchbiegt. Unterteilt wird sie in drei Arten: Spitzen-, Mittel- und durchgehende Aktion.

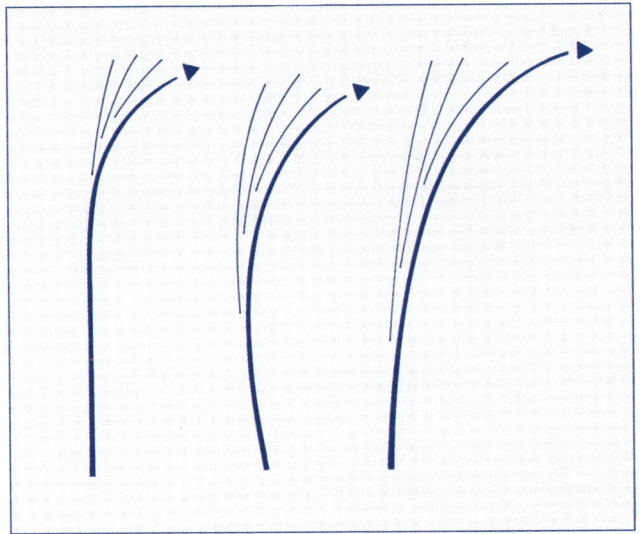

Drei Arten der Aktion: Spitzen-, Mittel- und durchgehende Aktion (von links nach rechts).

Spitzenaktion

Eine Rute mit Spitzenaktion verwendet man klassischerweise für das Angeln mit dem Schwimmer auf kleinere Fische wie Brassen und Rotaugen. Bei dieser Angelei ist es wichtig, über die Rute einen sehr schnellen Kontakt zum beißenden Fisch herzustellen und diesen schnellstmöglich aus dem Wasser zu bugsieren. Dazu eignet sich eine Rute mit Spitzenaktion am besten: Bei ihr „arbeitet" nur der obere Teil des Blanks bei der Bewegung des gehakten Fisches mit. Der Gesamtaufbau ist dagegen recht steif. Steif ist gleichbedeutend mit Widerstand, je größer der Widerstand, umso mehr Kraft wirkt auf den Fisch ein und desto schneller wird man ihn beim Drill ermüden.

Mittelaktion

Die Spitzenaktion eignet sich allerdings nur zum Beangeln von kleineren Fischen. Eine so steife Rute kann bei einer größeren Beute wie beispielsweise einer kampfstarken Forelle dazu führen, dass der Haken ausschlitzt: Er verliert seinen Sitz im Maul des Fisches – und Sie verlieren Ihre Beute. Hier ist eine Angel mit mittlerer Aktion weitaus besser geeignet. Bei Belastung biegt sich ihre Spitze bis etwa in den mittleren Bereich der Rute. Dadurch ergibt sich ein größerer Spielraum, um die wechselnd starken Widerstände eines kämpfenden Fisches abzufedern.

Durchgehende Aktion

Eine Rute mit durchgehender Aktion schließlich biegt sich in ihrer ganzen Länge, von der Spitze bis zum Griff. Meist sind dies recht kräftige Angeln, die für weite Würfe und für das Werfen von großen Ködern ausgelegt sind. Mit ihnen angelt man demgemäß vor allem große Fische wie Hecht, Karpfen, Barbe und so weiter.

TIPP
Für den Anfänger ist die mittlere bis durchgehende Aktion empfehlenswert. Sie ist sensibel genug, um leichte Schwimmermontagen ebenso zielsicher auszuwerfen wie etwas schwerere Grundbleimontagen. Außerdem ist dieses Gerät ideal, um das notwendige Feingefühl beim Landen der Beute zu erlernen.

Teleskop- und Steckrute

Haben Sie schon einmal versucht, mit einer Rute von drei oder mehr Metern Länge herumzulaufen? Sie können sich vorstellen, dass es da gewisse Transportprobleme gibt... Um diese Probleme zu umgehen, hat man zwei Möglichkeiten entwickelt. Es gibt zum einen Ruten, bei denen mehrere Teile zum Transportieren ineinander geschoben werden können – das sind die so genannten Teleskopruten. Zum anderen gibt es Angeln, die durch Steckverbindungen zusammengesetzt werden und demnach – Sie ahnen es – Steckruten heißen.

Geschmackssache

Ob man sich für eine Teleskop- oder Steckrute entscheidet, ist zu einem guten Teil Geschmackssache. Meine persönlichen Favoriten sind die Steckruten, da sie immer über eine bessere Aktion verfügen als Teleskopruten. Das liegt an der geringeren Teilung der Rute – in der Regel sind es nur ein bis zwei Verbindungen. Die Verbindungsstellen stellen eine Unregelmäßigkeit im Querschnitt des Blanks dar. Das heißt, je mehr davon vorhanden sind, desto ungleichmäßiger wird die Biegekurve, die Aktion. Eine teleskopierbare Angel hat vier oder sogar mehr Teilungsverbindungen; dafür ist ihr Transportmaß wesentlich kürzer. Trotz der unregelmäßigen Aktion zählt die Teleskoprute zur beliebteren Variante; der Komfort beim Transport ist nicht von der Hand zu weisen – und Fische kann man damit schließlich auch fangen.

Ringe

Angeln werden auch durch ihre Ringe klassifiziert. Schwimmer-Blanks – also Ruten, mit denen man einen Schwimmer wieder und wieder auswirft – sollten zum Beispiel mit hochbeinigen Schnurringen ausgestattet sein, um zu vermeiden, dass sich die nasse Schnur beim Auswurf durch den Adhäsionseffekt an der Rute festhängt. Insbesondere eine Montage mit geringem Gewicht kann dann nicht vernünftig ausgeworfen werden. Gerade das aber sollte eine Allround-Rute ermöglichen, da man schließlich auch mit feineren Angelmethoden zur Tat schreiten möchte.

Falls Ihre Wahl auf eine Steckrute fällt, achten Sie auf deren Ringarten. Es gibt Ein- und Zweisteg-Ringe – letztere sind deutlich stabiler und langlebiger.

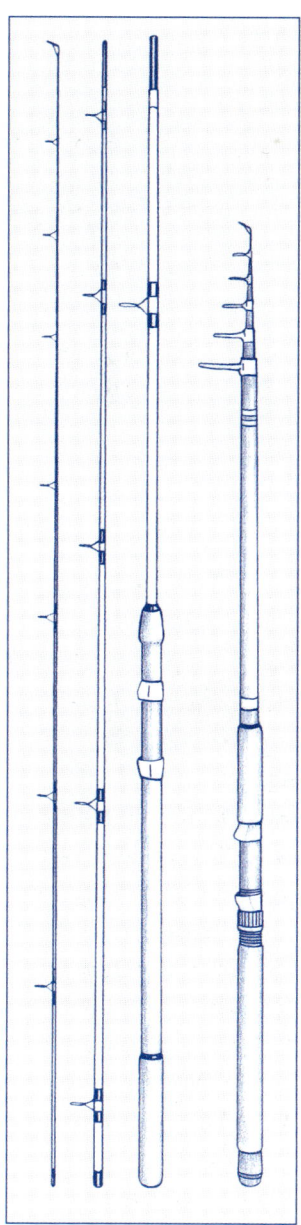

Steckrute (links) und Teleskoprute (rechts).

Beringung einer Teleskoprute.

Bei den Ringen beachten

☐ Die Rute soll über mindestens fünf Ringe verfügen.
☐ Der Abstand der Ringe zueinander muss sich, von der Spitze zum Handteil gesehen, nach und nach vergrößern. Dadurch verläuft die Rute bei belasteter Schnur in einer gleichmäßigen Kurve.
☐ Die Ringe müssen sauber gewickelt und überlackiert sein.

Rollen

Ähnlich verwirrend wie das Angebot an Ruten ist die Auswahl an Rollen. Es gibt Achsen-, Multi- und Stationärrollen, und diese in den verschiedensten Größen und Schnurkapazitäten. Qualitätskriterien wie etwa die Anzahl der eingebauten Kugellager machen die Kaufentscheidung nicht leichter. Für eine Rolle, die viele Jahre halten und häufig beansprucht werden soll, lohnt es sich sicherlich, ein paar hundert Mark zu investieren. Für Sie als Einsteiger wäre dies allerdings mit Sicherheit eine Fehlinvestition – Sie sollten zunächst eine Stationärrolle wählen, denn diese verlangt beim Auswerfen nur wenig Vorerfahrung und Praxis.

Beim Rollenkauf beachten

Laufverhalten Der Lauf der Rolle, also die Drehbewegung des Schnurfangbügels um die Spule (die Sie durch die Handkurbel bewirken), sollte immer sanft und ruhig sein.

Schnurlaufröllchen Die Stelle am Schnurfangbügel, über welche die Schnur beimEinkurbeln läuft, sollte schnurschonend gearbeitet sein. Sie muss also eine sehr glatte Oberfläche aufweisen, damit die Schnur nicht beschädigt werden kann. Optimal ist es, wenn das so genannte Schnurlaufröllchen leicht beweglich oder, noch besser, kugelgelagert ist.

Bremse Die Bremse ist ein weiteres wichtiges Kriterium beim Erwerb einer Rolle. Stellen Sie sich vor, Sie haben einen großen, starken Fisch an der Angel und auf der Spule ist nur eine dünne Schnur. Hätte Ihre Rolle keine Bremse, oder wäre diese nicht richtig eingestellt, würde die gehakte Beute entweder die gesamte Schnur von der Rolle ziehen – oder aber durch ein paar kräftige Bewegungen die Schnur sprengen. Eine richtig eingestellte Bremse gibt so lange Schnur frei, bis die Kraft des Fisches nachlässt und der Angler sie wieder einholen kann. Eine Bremse, die ruckartig oder sehr schwerfällig arbeitet, macht eine Rolle nahezu unbrauchbar.

Ersatzspule Bei vielen Rollen ist eine Ersatzspule bereits im Kaufpreis inbegriffen: Eine Spule mit einem dünnen Spulenkern („tiefe" Spule) für dickere und eine mit stärkerem Kern („flache" Spule) für dünnere Schnur. Aber auch wenn eine Rolle mit zwei identischen Spulen ausgestattet ist, ist es entscheidend, dass man mindestens zwei unterschiedliche Schnurstärken einsetzen kann; eine Spule mit 0,25-Millimeter-Schnur fürs leichte Angeln und die zweite mit 0,35 Millimeter Durchmesser für die Jagd auf größere Fische. Die Spule sollte mindestens 190 Meter 0,35er Schnur fassen können.

Spulenwechsel Der Wechsel der Spule zum Austausch der Schnurstärken sollte leicht von statten gehen. Manche Rollen verfügen an der Spule über einen Druckknopf; diese Modelle machen einen Spulenwechsel besonders komfortabel.

> **TIPP**
>
> Kaufen Sie möglichst Rute und Rolle zusammen, da diese beiden Geräte gut miteinander harmonieren müssen. Im Angelfachgeschäft berät man Sie gerne. Stellen Sie dabei klar, dass Sie gute Qualität zu einem günstigen Preis erwarten.

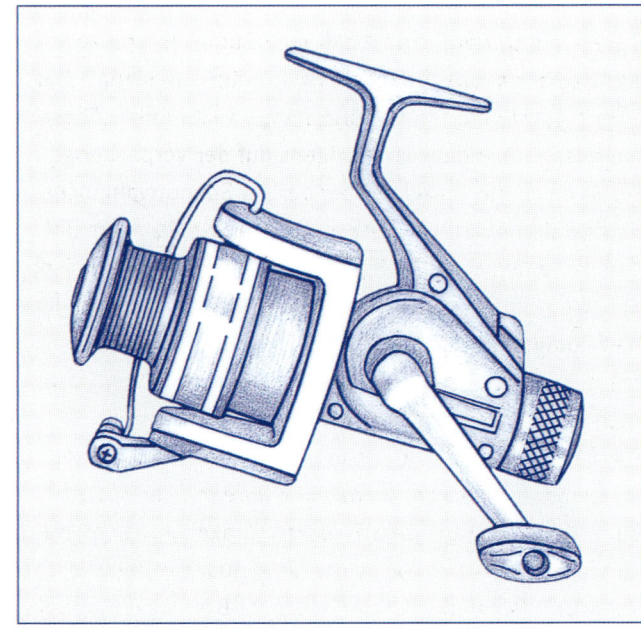

Stationärrolle mit Heckbremse.

Die Angelschnur

Angelschnüre werden aus den verschiedensten Materialien hergestellt. Für den Anfänger sind die so genannten monofilen Schnüre – die aus einem einzigen Schnurstrang bestehen – mit Abstand die wichtigsten. Daneben gibt es geflochtene Schnüre, die hauptsächlich beim Meeresangeln eingesetzt, und geflochtene Metallschnüre, die etwa beim Hechtangeln verwendet werden, da diese Tiere über sehr viele spitze Zähne verfügen und damit eine monofile Schnur leicht beschädigen können.

Tragkraft

Die meisten Angler machen die Schnurauswahl von deren Tragkraft abhängig. Dabei gibt es, bei gleichem Durchmesser, oftmals Unterschiede. Eine 0,30-Millimeter-Schnur der Firma X hält eine Zugbelastung von 5,2 Kilogramm aus, bevor sie reißt, während Firma Y bei ihrer 0,30-Millimeter-Ausführung 4,5 Kilo angibt. (Diese Angabe in kg findet man übrigens auf der Verpackung.) Für mich ist die Tragkraft aber bei der Schnurwahl nicht maßgeblich. Warum? Ganz einfach: Normalerweise übt man nie eine so große Zugkraft auf einen gehakten Fisch aus, dass die Schnur gesprengt wird. Die Rute federt die Bewegungen des flüchtenden Fischs ab und die Rollenbremse sorgt für eine Entlastung der Schnur. Nur wenn man die Bremse nicht nutzen würde, könnte man das Risiko, die Tragkraft der Schnur zu überschreiten, unter Umständen erreichen. Genauso würde man aber auch die Gefahr erhöhen, dem Fisch den Haken aus dem Maul zu reißen! In beiden Fällen ist der Verlust der Beute das Resultat. Also stellt man tunlichst die Bremse der Situation gemäß ein (siehe Kasten S. 14).

Über die Qualität einer Monofilen sagt ihr Preis übrigens überhaupt nichts aus; es gibt viele preisgünstige Produkte, die auch hohen Anforderungen genügen. Auch hier können Sie sich vom Fachpersonal beraten lassen.

> **TIPP**
> **Eine Schnur wird im Laufe der Zeit durch den Gebrauch rau und durch einwirkendes Licht spröde, Elastizität und Tragkraft nehmen ab. Wechseln Sie deshalb Ihre Schnüre mindestens einmal im Jahr aus.**

Aufspulen

Sie haben sich für eine Schnur entschieden – wie bekommen Sie diese nun auf die Spule? Ihr Gerätehändler kann sie aufspulen, dazu benutzt er ein Aufspulgerät. Ich ziehe es allerdings vor, meine Schnur selbst aufzuwickeln. Beim maschinellen Aufspulen wird die Schnur nämlich in der Regel zu stramm gewickelt, so dass diejenigen Lagen, die Sie beim Auswerfen zunächst gar nicht freigeben, langfristig durch Quetschen geschädigt werden. Beim Aufwickeln von Hand vermeidet man dies, weil der Anpressdruck der Schnurlagen deutlich geringer ist. Um die Schnur aufzuspulen, knote ich eine Schlaufe, die sich bei

Rollenspule.

> **TIPP**
>
> Die Monofile besteht aus Kunststoff; daher ist das Seeufer kein geeigneter Entsorgungsplatz! Achten Sie bitte darauf, dass Schnurreste nicht in der Natur zurückbleiben, da sie unter Umständen eine tödliche Gefahr für Vögel und andere Tiere darstellen.

Zug zusammenzieht. Diese lege ich bei geöffnetem Schnurfangbügel um die Spule. Dabei befindet sich die Rolle zur besseren Handhabung an der Rute. Danach lege ich den Bügel um und halte, während ich mit der linken Hand kurbele, mit der rechten die Schnur zwischen Zeigefinger und Daumen leicht unter Spannung. Auf diese Weise wickle ich die Schnur bis zirka ein oder zwei Millimeter unter den Spulenrand auf.

Die Spule Ihrer Rolle sollte mit ausreichend Schnur gefüllt sein; bis etwa ein oder zwei Millimeter vor dem Rand ist richtig. Haben Sie mehr aufgespult, kann sie beim Auswerfen für Verhedderungen sorgen: Das „Zuviel" an Schnur springt in ganzen Ringen von der Spule und bildet ein Knäuel, eine so genannte Perücke. Zu wenig Schnur auf der Spule dagegen schränkt die Fähigkeit des Weitwerfens ein, da beim Abwickeln während des Wurfes ein höherer Widerstand durch Reibung an der Spulenkante entsteht.

> **Bremse einstellen**
>
> So stellen Sie die Bremse richtig ein: Bitten Sie einen Freund, das Ende der Schnur festzuhalten, während Sie selbst an der Rute ziehen, bis sich diese bei durchgehender Aktion etwa zur Hälfte biegt. Genau in diesem Moment sollte die Rollenbremse beginnen, bei weiter steigendem Druck bzw. Zug Schnur freizugeben.

Das Vorfach

Die Schnur, von der bisher die Rede war, wird Hauptschnur genannt. Diese geht jedoch, außer beim Spinnfischen, gar nicht bis zum Haken. Diejenige Schnur, an die der Haken gebunden wird, nennt man Vorfach. Sie ist

Ihr Köder hat sich festgesetzt und lässt sich ohne Verlust nicht mehr lösen. Bitte ziehen Sie jetzt nicht an der Rute, als würden Sie einen Fisch am Haken haben – das Blank könnte durchaus zerbrechen! Falls Sie genügend Platz nach hinten haben, ziehen Sie die Rollenbremse fest an und halten die Rute parallel zum Wasser, so dass der Zug der Schnur auf die Rolle und nicht auf die Angel übertragen wird. Nun bewegen Sie sich mit der Rute rückwärts. Spätestens jetzt werden Sie feststellen, was eine Schnur aushält; Sie werden überrascht sein! Sollten Sträucher oder Ähnliches ihre Bewegungsfreiheit einschränken, legen Sie die Rute ab und ziehen an der Schnur, bis sie reißt. So bleibt Ihre Rute heil und Sie müssen nur ein neues Vorfach montieren.

Was tun bei einem Hänger?

ebenfalls monofil. Und warum knotet man den Haken nicht immer an die Hauptschnur? Nun, zum einen erlaubt das Vorfach – für das immer eine dünnere Schnur als die Hauptschnur gewählt wird – eine für den Fisch unauffälligere Köderpräsentation. Zum anderen stellt das Vorfach auch eine Soll-Bruchstelle dar. Stellen Sie sich vor, Ihr Köder würde sich am Grund festsetzen, beispielsweise in einem Baumstumpf, und Sie können einen solchen „Hänger" nicht lösen, ohne die Schnur zu sprengen. In diesem Fall reißt zuerst das dünnere Vorfach. Sie verlieren zwar den Haken, haben den Rest Ihrer Montage aber gerettet und somit Geld gespart. Hätten Sie kein Vorfach verwendet, würde die Hauptschnur an einer x-beliebigen Stelle reißen. Ihre gesamte Montage wäre futsch und zudem noch etliche Meter Ihrer Hauptschnur. Dabei würden außerdem große Mengen Schnur im Wasser zurückbleiben und das Verletzungsrisiko für viele Wassertiere unnötigerweise erhöhen.

> **TIPP**
> Als Faustregel gilt: Die Schnurstärke des Vorfachs sollte um etwa ein Viertel geringer sein als die der Hauptschnur.

Selbstgebunden oder vorgefertigt?

Spezialisten binden sich ihre Vorfächer selbst; die meisten Sportfischer kaufen jedoch fertige Vorfächer mit angebundenen Haken. Das Selbstanfertigen kann langfristig gesehen billiger sein – auf jeden Fall kann man individueller arbeiten und seine Lieblingsschnur mit seinem Haken-Favoriten kombinieren. Bei den fertigen Kombinationen hat der Hersteller darauf geachtet, dass das Vorfach zum jeweiligen Haken passend ausgelegt wurde – gerade für Anfänger eine ungemeine Arbeitserleichterung. Greifen Sie also zunächst zu diesen Produkten – wenn Sie später an Erfahrung gewonnen haben, sollten Sie es wenigstens einmal versuchen, ein Vorfach selbst zu binden. Es ist eine spannende Aufgabe, aus dem Verhalten der Fische Rückschlüsse auf die Montage zu ziehen und die Feinheiten des Gerätes darauf abzustimmen.

Wirbel

Das Verbindungsglied zwischen Vorfach und Hauptschnur bildet ein so genannter Wirbel. Dabei handelt es sich um zwei Metallösen, die so miteinander verbunden sind, dass sie gegeneinander rotieren können. Dadurch wird das so genannte Verdrallen, das Verdrehen der Schnur beim Einholen der Köder verringert.

Karabiner und Tönnchen

Bei den Wirbeln unterscheidet man zwischen Karabiner- und Tönnchenwirbeln. Erstere erlauben ein schnelles Wechseln der Vorfächer, da sie – wie der Name schon sagt – über einen Karabiner zum Ein- und Aushängen verfügen. Bei einem Tönnchenwirbel findet man nur zwei

Ösen vor, an die Vorfach und Hauptschnur geknotet werden. Ich selbst bevorzuge die Tönnchen, da sie zuverlässiger sind. Karabinerwirbel sind häufig schlecht verarbeitet und können bei Belastung aufbiegen. Das ist beim Angeln auf kleinere Fischarten eigentlich kein Problem, da diese nur geringen Widerstand aufbringen. Bei kapitalen Hechten oder Karpfen sieht die Sache schon anders aus und es ist mehr als ärgerlich, aus diesem Grund einen gehakten Fisch zu verlieren.

Am Anfang würde ich trotzdem zum Karabinerwirbel greifen, da auch das Anknoten von Schnüren gelernt sein will und ein wenig Übung erfordert. Glauben Sie mir, es macht schon einen Unterschied, ob Sie nur einen Knoten am Wirbel binden müssen oder gleich zwei (für Haken und Vorfach)! Außerdem stellen Knoten immer eine Schwachstelle dar. Die Regel lautet daher: Immer so wenige Knoten wie möglich in eine Montage einbringen.

Tönnchenwirbel (links) und Karabinerwirbel (rechts).

Haken

Kommen wir nun zu dem vielleicht bedeutendsten Teil, dem Haken. Er ist der Ausrüstungsgegenstand, an dem im wahrsten Sinne des Wortes alles hängt. Selbst versierteren Petri-Jüngern fällt es aber nicht immer leicht, die beste Haken-Lösung für eine geplante Angelsituation oder -methode zu finden. Lassen Sie sich aber davon nicht abschrecken, denn man kommt mit nur wenigen Formen und Größen aus, um den Süßwasserfischen nachzustellen.

Ein Angelhaken besteht aus gehärteten und geschmiedeten Drähten, die – je nach Größe – unterschiedlich stark sind. Er setzt sich aus einer Spitze mit Widerhaken, einem Bogen, einem Schenkel und dem Kopf zusammen.

Der Grinner-knoten

Zum Anbinden von Wirbeln und Öhrhaken verwende ich ausschließlich einen Grinnerknoten. Bei diesem Knoten führt man die Schnur zweimal durch die Öse, legt sie dann in eine Schlaufe und führt das lose Schnurende

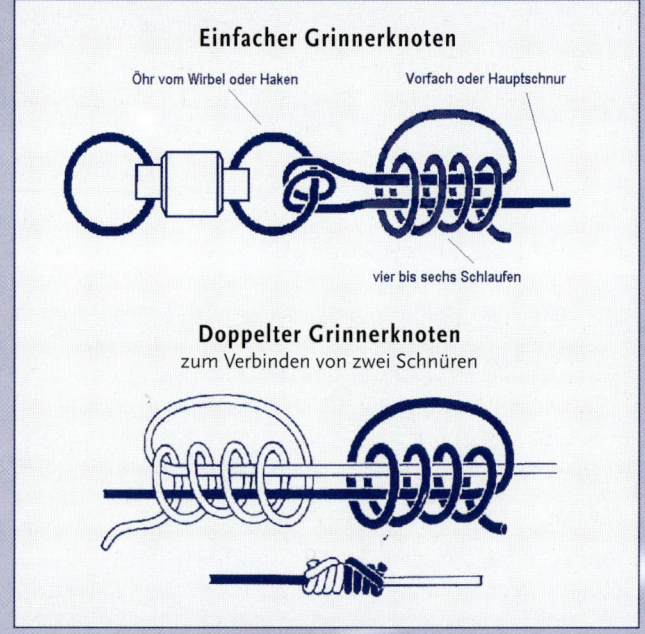

fünfmal dort hindurch. Danach zieht man den Knoten am losen Schnurende leicht zusammen. Schließlich zieht man an der fortlaufenden Schnur den Knoten zusammen. Den Grinnerknoten benutze ich auch zur Befestigung der Hauptschnur an der Spule – weitere Knoten brauchen Sie als Anfänger nicht. Der Grinnerknoten bietet jede Sicherheit, die ein Angler braucht. Er widersteht Welsen über hundert Pfund und Karpfen bis fünfzig Pfund! Bevor Sie sich also mit anderen Knoten beschäftigen, setzen Sie sich lieber intensiv mit den verschiedenen Angelmethoden auseinander.

Verschiedene Größen

Die Größe eines Hakens wird durch die Länge des Schenkels und die Weite des Bogens festgelegt und ist anhand einer Nummer auf der Verpackung ersichtlich. Die Nummerierung ist gegenläufig, das heißt, ein Haken der Größe 20 ist kleiner als einer mit der Kennzeichnung 1. Übergrößen für das Angeln auf sehr große Fische gibt es auch. Sie erhalten eine 0 hinter der Größenbezeichnung, 1/0 bis 15/0 sind geläufig. Außer der Größe gibt es noch Unterschiede bei Schenkellänge und Bogenweite. Es werden sowohl lang- als auch kurzschenklige Modelle sowie Haken mit weitem oder engem Bogen und mit gerader oder gebogener Spitze angeboten. Zusätzlich zur einfachen Hakenform mit nur einer Spitze gibt es spezielle Ausführungen zum Raubfischangeln, die zwei oder drei Spitzen haben und deshalb Zwillings- bzw. Drillingshaken genannt werden.

Modelle für größere Köder, wie Kartoffeln, Fischfetzen und dergleichen, die man zum Angeln auf sehr große Süßwasserfische braucht, sind am Anfang nicht von Nöten. Ich werde im Kapitel über die unterschiedlichen Angeltechniken noch einmal auf die Haken eingehen und die für die verschiedenen Methoden passenden Modelle vorstellen. Im Allgemeinen ist die Hakengröße abhängig von der gewählten Köderart und beides wiederum von der durchschnittlichen Größe der Fischart, die man damit fangen will.

Plättchen oder Öse

In der Sportangelei gibt es zwei Möglichkeiten, einen Haken an der Schnur zu befestigen, die sich beide aus seiner Kopfform ergeben. Die so genannten Plättchenhaken besitzen am Schenkel ein plattgeschlagenes Ende. Daneben gibt es die Öhrhaken, die zur Befestigung eine Öse

Einkaufsliste Haken

☐ Langschenklige Haken mit engem Bogen, in den Größen 10, 12, 14 und 16. Zum Angeln auf kleinere Friedfische (Brasse, Rotauge) mit Ködern wie Made, Maiskorn, Weizen etc.

☐ Wurmhaken in den Größen 2, 4, 6 und 8. Zum Angeln auf mittelgroße Fische (Aal, Karpfen) mit Würmern als Köder. Wurmhaken besitzen am Schenkel zwei kleine Widerhaken, damit die Würmer nicht herunterrutschen.

aufweisen. Beim Plättchen-Modell wird ein spezieller Knoten um den Schenkel herumgewickelt, um die Vorfachschnur anzubinden. Beim Öhrhaken fädelt man die Schnur durch das Öhr und verknotet sie.

Haken und Vorfach müssen passen

Ich habe oben bereits betont, dass es für Anfänger empfehlenswert ist, zu den fertig gebundenen Haken-Vorfächern zu greifen. Sollten Sie sich dennoch daran begeben, das Binden zu erlernen, rufen Sie sich noch einmal ins Gedächtnis, dass das Vorfach eine geringere Schnurstärke (Durchmesser!) haben muss als die Hauptschnur selbst. Faustregel: Die Schnurstärke des Vorfaches um etwa ein Viertel geringer als die der Hauptschnur wählen! Mit dieser Verminderung der Tragfähigkeit sind Sie immer auf der sicheren Seite. Berücksichtigen Sie aber auch: Je kleiner der Haken ist, desto dünner und schwächer sollte das Vorfach sein. Die Begründung ist einfach: Es ist nicht nur schwierig, einen – übertrieben gesprochen – dicken Strick an einen ganz kleinen Haken zu binden. Viel wichtiger: Mit einem kleinen Haken angelt man auf kleine Fische, man benutzt also auch kleine Köder. Eine dicke Schnur würde dabei die unauffällige Köderpräsentation zunichte machen, da mit steigendem Durchmesser die Schnur drahtiger wird. Denn ein Fisch beißt

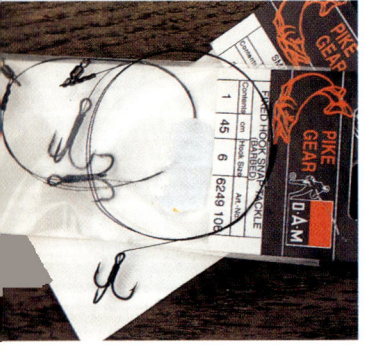

Vorgefertigte Stahlvorfächer mit Drillingshaken zum Angeln auf Raubfische.

nicht – oder nur selten – aus reiner Gier, sondern will zum Anbiss überlistet werden. Unauffälligkeit oder Arglist, nennen Sie es, wie Sie wollen, ist oberstes Gebot, um das Wasserwild an den Haken zu bekommen.

Haken schärfen

Ein Haken muss immer scharf sein, egal wie groß er ist, denn bereits beim geringsten Widerstand, den der beißende Fisch zur Rute aufbringt, sollte er ins Fischmaul einstechen und sich am besten dabei schon festsetzen.

Testen Sie die Schärfe, in dem Sie die Hakenspitze vorsichtig über den Daumen ziehen. Fasst diese sofort in die Haut, so ist der Haken scharf genug. Stumpfe Haken können mit einem Stück feinem Schleifpapier oder einem Korundstein nachgeschliffen werden. Ich feuchte Papier oder Stein leicht an, dann ziehe ich den Haken mit geringem Druck mit der Spitze voran von links nach rechts. Ein paarmal wiederholen – der Haken ist wieder spitz.

TIPP
Ein Hakenbinder als Hilfsmittel bei den Plättchenhaken ist sehr empfehlenswert. Damit ist das Erlernen des Selberbindens fast ein Kinderspiel.

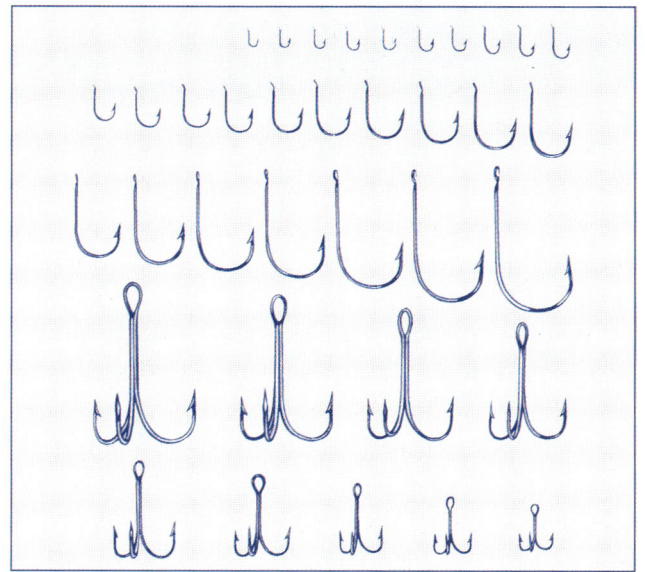

Haken gibt es in unterschiedlichen Größen und Ausführungen für die verschiedensten Einsatzmöglichkeiten.

Posen lassen den Biss erkennen

Posen zum See- und Flussangeln.

Das nächste Utensil, das ich Ihnen vorstellen möchte, ist der Schwimmer, auch Pose genannt – er macht den Biss des Fisches überhaupt erst erkennbar. Eine Pose ist ein Schwimmkörper, der auf der Hauptschnur befestigt wird. Bei einem Biss zieht der Fisch an der Schnur und die Pose beginnt, sich zu bewegen. Jetzt weiß der Angler, dass sich etwas am Köder zu schaffen macht.

Auch Posen gibt es in vielen verschiedenen Ausführungen und für unterschiedliche Einsatzbereiche. Ob Sie in einem Fluss mit leichter oder starker Strömung angeln oder an einem See, der flach oder tief sein kann, sitzen – für jede Gelegenheit gibt es einen passenden Schwimmer. Die Liste der Verwendungszwecke ist lang und daher finden Sie im Handel eine breit gefächerte Palette.

Die richtige Wahl

In einem stehenden Gewässer, wo ein Fisch die Zeit hat, einen Köder in aller Seelenruhe zu prüfen, ist ein empfindlicher, dünner Schwimmer von großem Vorteil, da er durch seinen geringen Auftrieb besser die vorsichtige Zupferei der interessierten Beute anzeigt, als es bei einem großen, auftriebstarken Modell der Fall wäre. Es ist nun einmal leichter, eine Feder unter Wasser zu ziehen, als einen Fußball hinunter zu drücken. Bei einem Fluss mit starker Strömung ist eine leichte Pose dagegen nicht einsetzbar; allein schon die Wasserkraft kann sie hinunterziehen. Verwendet man hier einen kräftigen Schwimmkörper, der dem Strömungsverhältnis angepasst ist, so wird auch dieser sensibel genug arbeiten, um vorsichtige Bisse sichtbar zu machen. Die Unumgänglichkeit, die Pose im Verhältnis zur Angelsituation einzusetzen, dürfte Ihnen jetzt klar sein.

Doch wie sollen Sie am Anfang vorgehen? Überlegen Sie sich, wo Sie Ihren ersten Angelversuch starten wollen. Handelt es sich dabei um ein stehendes Gewässer, würde ich eine schlanke Posenform wählen und diese in unterschiedlichen Größen (Tragkraft) kaufen, also etwa 2, 4 und 6 Gramm. Die Angabe über die Tragkraft ist auf dem Posenkörper aufgedruckt. Mit dieser Auswahl können Sie von Beginn an experimentieren und am Wasser flexibel handeln. Bei absoluter Windstille und falls es nicht nötig ist, weit auszuwerfen, setzen Sie die 2-Gramm-Pose ein; bei wellenbewegtem Wasser oder steigender Wurfweite, nehmen Sie einen schwereren Posentyp. Mit einer einzigen Posenform, jedoch in unterschiedlicher Tragkraft, können Sie also sehr vielseitigen Situationen am Wasser begegnen.

Posen in allen Farben

Die Farbe eines Schwimmers hat eine sehr wichtige Funktion. Dies gilt vor allem für die Antenne, denn sie ist der Teil, der an der Wasseroberfläche sichtbar bleibt. Orange, Gelb und Grün sind gut zu sehen. Aber bei Gegenlicht entstehen Reflexionen auf dem Wasser, bei Wellengang werden sie sogar noch verstärkt, dann fällt es schwer, einen hellen Posenkörper zu erkennen. Eine schwarze Antenne ist unter solchen Bedingungen besser zu beobachten. Die beste Grundfarbe einer Pose – also des Teils, der sich unter Wasser befindet – ist Dunkelgrün, Schwarz oder Braun, also dunkle Farbtöne, die für das Fischauge unauffällig wirken. Die hellen Signalfarben der Antenne dienen lediglich dem Angler zur Bisserkennung.

TIPP
Bei einigen Posenmodellen kann man die Antenne auswechseln und so die Farbe ändern und den Sichtverhältnissen am Wasser anpassen. Achten Sie darauf, dass sich die Signalfarben nur auf den für den Angler sichtbaren Teil beschränken.

Posenformen

Fischen Sie näher am Ufer, an stehenden Gewässern wie Teichen und Baggerseen, eignen sich am besten pfeilförmige, also schlanke Posen, die mittels eines Gummiringes fest an der Angelschnur befestigt werden. Zum Angeln auf kürzere Entfernungen im Fluss setzt man ei-, tropfen- oder kugelförmige Sichtkörper ein, da diese sich in der Strömung besser bewegen als die schlanken Modelle. Wollen Sie weiter draußen im tieferen Wasser eines Sees angeln, müssen Sie Schwimmer einsetzen, die frei auf der Hauptschnur gleiten.

Warum eine Laufpose?

Sie sitzen an einem Baggersee, der in den ersten zehn Metern steil zum Grund hin abfällt. Da sich die meiste Fischaktivität in Grundnähe in 6 bis 10 Metern Tiefe abspielt, müssen Sie ihre Köder auch dort anbieten. Eine feststehende Pose kann hier nicht verwendet werden, da ihre Rute nur 3,60 Meter lang ist: Die maximale Tiefe, die mit einem feststehenden Schwimmer eingestellt werden kann, beträgt in diesem Fall 3,60 Meter – sonst wäre das Auswerfen mit Ihrer Rute unmöglich. Würden Sie versuchen, eine Schnur von beispielsweise 7,50 Metern Länge auszuwerfen, würde ein großer Teil davon vor dem Auswurf auf dem Boden liegen und der Haken irgendwo hängen bleiben. Sollten Sie es dennoch irgendwie schaffen, den Köder ins Wasser zu befördern und ein Fisch würde anbeißen, wäre es ziemlich schwierig, ihn zu landen. Da die Schnur in diesem Falle nur so weit eingeholt werden kann, bis der feststehende Schwimmer an der Rutenspitze angelangt ist, würde sich Ihre Beute zu weit von Ihnen entfernt befinden, als dass Sie sie mit dem Kescher an Land bugsieren könnten. Es wird Ihnen einleuchten, dass eine Pose kaum durch die Rutenringe gleiten kann.

Laufpose

Ein Schwimmer, der sich gleitend auf der Schnur bewegt, kann für jede Tiefe eingesetzt werden. Mit einem Schnurstopper (aus Gummi oder Faden) wird die Position an der Hauptschnur bestimmt, wo die Pose, die ansonsten frei gleitet, gestoppt wird. Sie fädeln erst einen Gummistopper auf die Hauptschnur und dann die Pose.

Schieben Sie den Gummi auf etwa 7,50 Meter. Da diese Stopper recht klein sind, werden sie beim Aufkurbeln der Schnur durch die Rutenringe gleiten. Beim Auswerfen fliegt der Stopper beim Abwickeln der Schnur durch die Ringe hindurch. Sobald die Montage im Wasser gelandet ist, beginnt der Köder zum Grund abzusinken. Da eine Pose über einen hohen Auftrieb verfügt, bleibt sie zunächst an der Wasseroberfläche liegen und die Schnur gleitet durch die Schwimmeröse hindurch. Sobald der Stopper am Schwimmer angelangt ist, sorgen Köder und Bleibeschwerung (vgl. S. 27) für ein Aufrichten des Sichtkörpers, bis nur noch dessen Antenne aus dem Wasser ragt. Ihr Köder befindet sich nun in 7,50 Metern Tiefe, also vielleicht einen halben Meter über dem Grund.

Der gleitende Schwimmer wird im Unterschied zum feststehenden Laufpose genannt. Überall dort, wo die Wassertiefe Ihre Rutenlänge überschreitet, müssen Sie Laufposen einsetzen. Auch davon gibt es unterschiedliche Formen; empfehlen möchte ich eine Variante mit verdicktem, etwa eiförmigem Unterkörper und einer langen Antenne. Mit dieser Form kommt man in den meisten Angelsituationen gut zurecht.

Laufposen, an denen nur unten eine Öse befestigt ist, durch die die Hauptschnur gleitet, zeigen einen Biss am sensibelsten an. Auf „Anglerlatein" oder besser „Anglerenglisch" nennt man diese Posenart auch „Waggler".

Checkliste für den Einkauf

- [ ] je 1 pfeilförmige, schlanke Pose mit einer Tragkraft von 2, 4 und 6 Gramm
- [ ] je 1 tropfen- oder eiförmige Pose für das Angeln im Fluss; Tragkraft von 4, 6, 8 und 10 Gramm
- [ ] je 1 Laufpose mit langer Antenne und dickem, eiförmigem Körper; Tragkraft von 2, 4, 6 und 8 Gramm

Damit haben Sie 11 Schwimmer mit unterschiedlicher Tragkraft, aber nur drei verschiedene Arten, mit denen Sie sehr vielseitig agieren können. Angesichts der großen Vielfalt im Handel wirkt diese kleine Auswahl eventuell etwas verblüffend, aber sie genügt vollends!

Leuchtposen und Knicklichter

Da man Fische auch bei Dunkelheit, also in der Nacht, fangen kann, lohnt es sich eventuell, zusätzlich den einen oder anderen Leuchtschwimmer anzuschaffen. Auch hier empfiehlt sich eine kleine Auswahl mit unterschiedlicher Tragkraft; dabei können Sie sich an meinen Tipps für „normale" Posen orientieren.

Leuchtposen gibt es batteriebetrieben oder mit sogenannten Knicklichtern. Das sind kleine Stäbchen, die mit einer phosphoreszierenden Flüssigkeit gefüllt sind. Zusätzlich befindet sich im Inneren der Kunststoff-Stäbe eine kleine Kapsel, die ebenfalls eine Flüssigkeit enthält. Knickt man dieses Stäbchen, bricht die Kapsel auf und beide Flüssigkeiten vermischen sich. Durch diese chemische Reaktion fängt das Stäbchen an zu leuchten. Der Effekt hält etwa 10 bis 12 Stunden an – ausreichend lange, um eine ganze Nacht sichtbar zu bleiben. Bei Posen mit auswechselbarer Antenne können Sie ein Knicklicht an Stelle der Antenne einstecken. Bei anderen Schwimmern können Sie das Knicklicht mit der Antenne kombinieren. Achten Sie also darauf, dass Ihre Posen über Wechselantennen im Durchmesser von Knicklichtern verfügen, damit Sie sie auch zum Nachtangeln verwenden können.

> **TIPP**
>
> Halten Sie die Anzahl der Bleischrote möglichst gering. Also lieber fünf größere als zehn kleine Schrote anklemmen! Zum einen verringern Sie so die Anzahl möglicher Bruchstellen durch Quetschungen, zum anderen wirkt die Köderanbietung unauffälliger.

Bleischrot und Grundbleie

Kommen wir nun zum Bleischrot, einem wichtigen Requisit zum Posenangeln. Es dient zum Beschweren (Austarieren) der Schwimmer und als Grund- sowie Wurfgewicht bei den verschiedenen Angelmethoden. Da auch die Auswahl an unterschiedlichen Bleiformen und -größen sehr umfangreich ist, weise ich vorsorglich darauf hin, dass ich hier nur die kleinen Bleikügelchen behandle, die zum Austarieren der Posen dienen.

Austarieren

Beim Austarieren einer Pose werden so viele Bleikügelchen auf die Schnur – auf die Hauptschnur, nicht auf das Vorfach! – geklemmt, dass der Posenkörper genau so weit unter die Oberfläche gezogen wird, dass nur noch die Antenne oder ein kurzer Teil von ihr aus dem Wasser herausschaut. Sinn der Übung ist es, dem beißenden Fisch den geringstmöglichen Widerstand entgegen zu bringen. Denken Sie noch einmal an den Vergleich mit der Feder und dem Fußball! Ein gut ausgebleiter Schwimmer zeigt selbst die vorsichtigsten Bisse (Zupfer); wenn das Blei im Verhältnis zur Pose zu leicht ist, schwimmt die Pose dagegen auf, wenn es zu schwer ist, zieht es die Pose zu weit unter die Wasseroberfläche – in beiden Fällen wird die Pose unsensibel oder gar nutzlos. Kurzum: Die Bleischrotmenge, die Ihr System richtig austariert, wird durch die Tragkraft ihrer Pose bestimmt.

Blei anbringen

Ein Bleischrot ist mittig geschlitzt, also gespalten, weil es auf die Hauptschnur geklemmt wird. Dazu legt man die Schnur in den Spalt und drückt das Blei mit einer Zange vorsichtig zusammen. Leider ist dabei ein leichtes

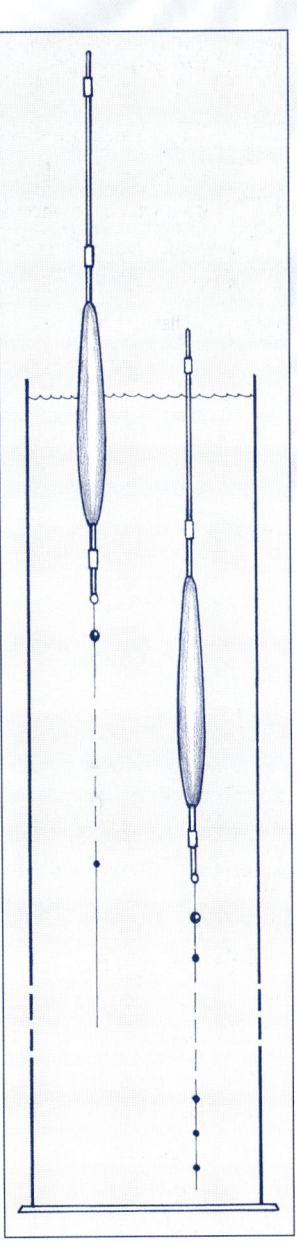

Falsch (links) und richtig (rechts) ausgebleite Pose.

Englisches Weichblei

So genanntes englisches Weichblei ist zum Beschweren der Posen am besten geeignet. Es lässt sich mit bloßen Fingern zusammendrücken und schont deshalb die Schnur. Haben Sie einmal zu viele Kügelchen angebracht und die Pose sinkt unter Wasser, lässt es sich ganz einfach mit dem Fingernagel öffnen und wieder entfernen; es ist also wiederverwendbar. Schließlich lassen sich Weichbleie dank des geringen Anpressdruckes leichter auf der Schnur bewegen; ein Vorteil, der noch im Kapitel „Angeltechniken" verdeutlicht wird.

Das Birnenblei – Standardbeschwerung beim Grundangeln.

Quetschen der Schnur nicht zu vermeiden. Wird der Druck zu stark, kann dies zur Verringerung der Schnurfestigkeit führen, eine Bruchstelle ist vorprogrammiert. Handeln Sie also immer mit Feingefühl, damit Sie eine Beschädigung der Schnur vermeiden. Beginnen Sie mit einem größeren Bleischrot und verringern Sie die anzuklemmenden Gewichte zum Köder hin, bis von Ihrer Pose im Wasser nur noch die Antenne sichtbar ist. Das Blei sollte nicht dicht an dicht geklemmt, sondern mit mindestens fünf Zentimetern Abstand befestigt werden.

Bleie für das Grundfischen

Außer beim Posenangeln werden Bleie beim Grundfischen, also beim Angeln ohne Schwimmer, eingesetzt. Ich werde das später genauer erklären. Am gebräuchlichsten sind sogenannte Birnenbleie mit einem Wirbel, der am schmalen, schlanken Ende eingegossen ist; durch ihn wird die Hauptschnur geführt. Wenn Sie sich solche Bleie in den Gewichten 10, 15, 25 und 60 Gramm zulegen, dürften Sie den meisten Situationen beim Grundangeln gerecht werden.

Zubehör für das Angeln auf Raubfische

Grundsätzlich gliedert man das Sportfischen in zwei Gruppen: das Friedfisch- und das Raubfischangeln. Wie ich schon beim Thema Haken und Vorfach angedeutet habe – dort tauchten Begriffe wie Zwillings- und Drillingshaken sowie geflochtene Vorfächer aus Metallfaden (Stahlvorfächer) auf –, erfordert die Jagd auf Raubfische einige besondere Utensilien.

Köder für Raubfische

Für diese Art des Fischens verwendet man ganze tote Fische, Fischfetzen (Posen- oder Grundangeln) oder künstliche Köder aus Holz, Kunststoff oder Metall, die einen lebenden Fisch imitieren sollen (Spinnfischen), um den Beutetrieb des Räubers zu wecken. Zum Angeln auf Hecht, Zander und Raubaal – mit toten Fischködern oder -fetzen – setzt man Stahlvorfächer ein. Für den Anfänger reicht es, wenn er sich ein paar davon mit einer Länge von 50 Zentimetern und in den Drillings-Größen 2, 4, 6 und 8 besorgt.

Gummifisch und Twisterschwanz

Kunstköder gibt es in vielen Material- und Größenvariationen sowie mit unterschiedlichen „Arbeitsweisen". Die erste Wahl für alle, die sich im Kunstköderangeln

Kunstköder für das Raubfischangeln: Twister (links) und Gummifische (rechts).

> **TIPP**
>
> Da Sie nie vorhersehen können, welcher Raubfisch wirklich anbeißt, empfehle ich persönlich auch beim Spinnangeln ein Stahlvorfach – wenn auch nur ein kurzes von 15 Zentimetern Länge. Falls wider Erwarten ein Hecht Ihren Kunstköder nimmt, könnte er mit seinen spitzen Zähnen ansonsten nämlich Ihre Hauptschnur kappen!

(Spinnfischen) versuchen wollen, heißt Gummifisch und Twisterschwanz. Beide bestehen aus Silikon, sind preisgünstig und flexibel einsetzbar. Beim Spinnfischen geht es darum, einen künstlichen Köder auszuwerfen und diesem durch Einholen der Schnur „Leben zu verleihen". Durch die Bewegung wird dem Raubfisch eine leichte Beute vorgetäuscht. Eine spannende Angeltechnik!

Gummifische und Twister unterscheiden sich im Aussehen und werden auch in der Führung unterschiedlich gehandhabt. Empfehlen würde ich für den Anfang eine kleine Auswahl in den Größen 3, 6 und 9 Zentimeter und den Farben Neongrün mit Glitter, Weiß und Schwarz.

Bleiköpfe

An einen solchen Köder gehört natürlich auch ein Haken; in der Regel benutzt man so genannte Bleiköpfe. An ihrem Schenkelende ist eine Bleikugel aufgegossen, an der sich ein Öhr befindet, an das die Hauptschnur angeknotet wird. Sie haben richtig gelesen, die Hauptschnur und kein Vorfach! Das verwendet man beim Spinnfischen nur dann, wenn man beabsichtigt, Hechte zu fangen.

Beim Erwerb von Bleiköpfen sollte darauf geachtet werden, dass sie auf die jeweils verwendete Gummifisch- oder Twistergröße abgestimmt werden. Lassen Sie sich vom Fachhändler beraten. Als kleine Orientierungshilfe rate ich Ihnen Folgendes: Die Hakengröße des Bleikopfes sollte so gewählt werden, dass der Hakenbogen mittig aus dem Fischchen heraustritt, wenn Sie diesen durch den Gummifisch stechen. Dabei sollte dann der Bleikopf direkt am Kopf des Köders anliegen.

Auf andere Kunstköder würde ich zu Beginn gänzlich verzichten. Falls das Spinnfischen Sie stärker in den Bann ziehen sollte, können Sie sich immer noch intensiver mit der „Kunstködermythologie" befassen. Sie können mir glauben: Es ist eine Wissenschaft für sich!

Die Einsteigerausrüstung im Überblick

Die Ausrüstung (bis etwa 250 DM / 150 €)	Verwendung
Allroundrute mit 20 – 60 g Wurfgewicht und mittlerer bis durchgehender Aktion	Auswerfen der Köder, Fischfang
Stationärrolle mit Schnurfassung von ca. 150 m 0,25 er Schnur	Auswerfen der Köder, Heranholen der Fische
Ersatzspule mit 0,35er Schnur (mind. 190 m)	stärkere Schnur für den Fang größerer Fische
Laufposen (Tragkraft 2, 4, 6 und 8 g)	zum Angeln in tieferen Gewässern
Gummistopper	zum Einstellen der Angeltiefe bei Laufposen
feststehende Posen (schlanke Form) Tragkraft 2, 4 und 6 g	zum Angeln in stehenden Gewässern
feststehende Posen (Tropfen-, Eiform) Tragkraft 4, 6, 8 und 10 g	zum Angeln im Fluss
Karabiner- oder Tönnchenwirbel	zum Einhängen der Vorfächer – Vermeidung von Drall beim Einholen der Köder
Bleischrot	zum Austarieren der Posen
Grundblei (Birne mit eingegossenem Wirbel) in 10, 15, 25 und 60 g	als Wurfgewicht beim Grundangeln
gebundene Haken Weißfisch, Größe 10, 12 und 14	zum Anbringen der unterschiedlichen Köder, zum Haken der Fische
gebundene Haken Wurm, Größe 8, 6 und 4	zum Anbringen der unterschiedlichen Köder, zum Haken der Fische
Stahlvorfach mit Drilling, Größe 2, 4, 6 und 8	Fang von Raubfischen
Twisterschwänze 3, 6 und 9 cm	Kunstköder zum Fang von Raubfischen
Gummifische 3, 6 und 9 cm	Kunstköder zum Fang von Raubfischen
Bleiköpfe	Spezialhaken mit Gewicht; zum Auswerfen der Twister und Gummifische
Rutenhalter	zum Ablegen der Angel
Unterfangkescher	zum Anlanden der Fische
Hakenlöser/Lösezange, Maßband, Schlagstock, Messer	zum Abhaken, Vermessen, Betäuben und Töten der Beute
Schere	nützliches Allroundwerkzeug
Schirm	Schutz bei Wind und Regen
Klappstuhl	Sitzgelegenheit für stressfreies Angeln
wetterfeste Kleidung in unauffälligen Farben	angenehmer Aufenthalt am Wasser, auch bei schlechter Witterung
Gerätekiste	kleine Werkzeugkiste aus dem Baumarkt für die übersichtliche Aufbewahrung aller Kleinteile

Das richtige Gewässer wählen

Nicht jedes Gewässer ist für den Einsteiger gleich gut geeignet.

Ihre Angelausrüstung haben Sie nun beisammen – wahrscheinlich haben Sie auch bereits ein bestimmtes Angelgewässer ins Auge gefasst. Vielleicht befindet es sich in Ihrer Nähe. Möglicherweise hat es Ihnen auch ein Freund empfohlen. Bevor Sie sich jedoch mit Sack und Pack auf den Weg ans Ufer machen, sollten Sie noch ein paar Dinge bedenken.

Nach meiner Erfahrung neigen Anfänger dazu, die falsche Gewässerwahl zu treffen. Nicht selten kehren sie gerade deshalb frustriert und ohne einen einzigen Biss wieder heim. Ein solcher „Schneider"-Tag ist nichts Schönes. Er wird auch bei einem Profi immer wieder einmal vorkommen, doch Sie wollen schließlich erst einmal Erfahrungen sammeln. Und ohne regelmäßige Fänge geht das eben nicht.

Die Gewässergröße

Beginnen Sie an nicht allzu großen Gewässern, denn in der Regel nehmen mit zunehmender Größe die Schwierigkeiten zu. Warum? Der Lebensraum Wasser bietet den Fischen sehr verschiedene Lebensbedingungen. Der Hecht z.B. mag Unterstände wie versunkene Bäume, ein Dach aus Seerosenblättern oder dichten Bewuchs aus Wasserpflanzen. Natürlich gibt es so etwas auch in einem kleinen See. Dort finden Sie es aber auf begrenzterem Raum und in beschränkterer Anzahl als in einem großen Gewässer. In kleineren „Gefilden" kann man also die Fische viel besser aufspüren und fangen!

Angeldruck und Beißlaune

Angler haben keinen geringen Einfluss auf die Güte eines Gewässers. Der Angeldruck, dem ein Gewässer ausgesetzt wird, sorgt mit dafür, ob Fische dort zu „Giganten" heranwachsen können, oder ob sie durch Befischung und Besatzmaßnahmen auf einem begrenzten Level gehalten werden. Daneben beeinflusst der Angeldruck auch die Beißlaune der Schuppenträger. Es gibt an nahezu jedem Gewässer Stellen, die besonders leicht zu erreichen sind. Sie können davon ausgehen, dass genau dort auch am meisten geangelt wird – und dass die Fische mit der Zeit diese Bereiche meiden.

Für den Anfang finden Sie einen guten Platz an einem nicht zu großen See und dort an einer Stelle, die etwas unbequemer zu erreichen ist. Dort wird es entweder gar keinen oder aber einen nur sehr geringen Angeldruck geben, und Sie werden reichlicher Fische vorfinden.

> **TIPP**
> **Faustregel:**
> **große Gewässer = große, aber wenige Fische**
> **kleine Gewässer = kleine, dafür viele Fische**

Orientieren Sie sich

Um einen Überblick zu bekommen, welche Gewässer sich in Ihrer Umgebung befinden, sollten Sie sich eine möglichst detaillierte Straßenkarte zulegen. Maßstäbe um die 1 : 20.000 sind ideal, da auf solchen Karten fast jeder Tümpel und auch kleinere Zuwege ersichtlich sind.

Wenn Sie sich auf dem Papier orientiert haben, sollten Sie an einem schönen Wochenende eine Erkundungsfahrt unternehmen. Dann werden Sie an den interessanten Stellen bestimmt jemanden antreffen, der angelt. Im Allgemeinen sind Sportfischer ein redseliges Volk, es dürfte nicht schwer sein zu erfahren, welche Fischarten im betreffenden Gewässer besonders gut zu fangen sind

> **Das Wesentliche auf einen Blick**
> - Mittels Straßenkarte die Gewässer in der näheren Umgebung abchecken.
> - Gespräche mit Anglern und Angelgerätehändler(n) führen.
> - Zunächst Tageskarten erwerben, um ohne Bindung an einen Verein verschiedene Gewässer ausprobieren zu können.
>
> **Verhalten am Wasser**
> - Treten Sie möglichst leise auf.
> - Vermeiden Sie unnötige Geräusche durch Umwerfen der Gerätschaften oder das Einschlagen der Rutenhalter in harten Boden.
> - Halten Sie Abstand zum Ufer: unbeabsichtigte Störgeräusche verlieren so an Wirkung.
> - Benutzen Sie Büsche, Bäume oder Ihren Angelschirm als Deckung.
> - Verhalten Sie sich rücksichtsvoll gegenüber der Umwelt.

oder auch, wo Sie den notwendigen Berechtigungsschein erhalten. Ziehen Sie außerdem Ihren Angelgerätehändler zu Rate! Dieser wird wahrscheinlich sogar Tageskarten von diversen Gewässern parat haben. Er wird Sie zudem in der Regel unvoreingenommen informieren und wahrscheinlich auch einige gute Angelstellen preisgeben, da er die dortigen Verhältnisse meist durch seine Kundschaft kennt.

Halten Sie sich an Tageskarten

An den meisten Gewässern sind Angelvereine aktiv, welche die Regeln und die Gebühren bestimmen, die dort für das Angeln gelten. Sehr viele Vereine geben – neben der üblichen Mitgliedschaft, die eine Angelerlaubnis für jeweils ein Jahr einschließt – auch Tages-, Wochen- oder sogar Monatsscheine aus. Mit einer Tageskarte können Sie in die Unterwasserwelt eines Gewässers „hineinschnuppern" – ein Vorteil, den man nicht unbeachtet lassen sollte. Versuchen Sie am Anfang Ihr Glück lieber an verschiedenen Gewässern, um später eine bessere Wahl treffen zu können, wenn Sie eventuell eine Jahreskarte erwerben möchten.

„Vereinsmeierei"

Übrigens – keine Angst vor „Vereinsmeierei"! Angelvereine bilden in der Regel die Grundlage für einen besseren Sport. Durch Gewässerpflege und vor allem Fischbesatzmaßnahmen wird eine Basis geschaffen, die das Naturerleben mit der Rute erholsam und erfolgreich macht. Und natürlich befindet man sich als Vereinsmitglied unter Gleichgesinnten: Tipps und Tricks werden ausgetauscht, besonders herausragende Erlebnisse werden eifrig diskutiert, Freundschaften können entstehen. Nicht zu vergessen die gemeinsamen Angelveranstaltungen, Feste – und die Versammlungen, in denen die Mitglieder ihre Interessen vertreten.

Was sagt der Wetterfrosch?

Eine nie endende Diskussion unter Petrijüngern ist der Einfluss des Wetters auf die Beißlaune der Fische. Lassen Sie sich davon nicht verunsichern! Natürlich werden Sie bald feststellen, dass nicht jeder Tag gleich gute Fangergebnisse hervorbringt, und tatsächlich hat das Wetter Auswirkungen auf die Beißlaune der Fische. Allerdings ist es unmöglich, hier eine allgemein gültige Regel zu definieren. Ich selbst habe bei jeder Wettersituation denkbar gut oder aber auch schlecht gefangen. Meiner Meinung nach ist der Wettereinfluss bei jedem Gewässer anders. Wenn Sie längere Zeit an einem Gewässer angeln, werden Sie vielleicht bestimmte Rückschlüsse ziehen können. Zu Beginn können Sie dieses Thema aber getrost ganz einfach vergessen.

Auswerfen mit der richtigen Technik

Nun wird es langsam wirklich spannend: Sie haben eine komplette Ausrüstung und auch schon einen viel versprechenden Angelplatz ausgekundschaftet. Sie machen sich an einem schönen Tag auf den Weg und freuen sich auf Ihren ersten Fang. Sie werden merken: Angeln ist kein Hexenwerk, ein bisschen Übung und die richtige Technik gehören aber schon dazu.

Eine elementare Übung

Das Auswerfen ist eine der elementarsten Übungen beim Angeln und steht deshalb, meiner Ansicht nach, noch vor dem Aufbau der einzelnen Montagen oder der richtigen Beköderung des Hakens.

Bereiten Sie nun Ihre Rute für den ersten Einsatz vor: Nachdem Sie die Rolle am Rollenhalter befestigt und die einzelnen Teleskopteile der Rute ausgezogen haben, kontrollieren Sie, ob alle Ringe in einer Flucht verlaufen. Dazu halten Sie die Angel waagerecht und schauen durch den ersten Ring hinter der Rolle. Wenn alles korrekt ist, sollten Sie problemlos am Blank entlang bis zum Spitzenring schauen können. Ist der eine oder andere Ring seitlich verdreht, korrigieren Sie dies, indem Sie den betreffenden Rutenabschnitt leicht drehen, bis alle Ringe in einer Linie verlaufen. Nun öffnen Sie den Rollenbügel und fädeln die Schnur durch die Ringe hindurch. Lassen Sie dabei soviel Schnur überstehen, dass das Schnurende an den Rutengriff gelangt. Dann knoten Sie ein Birnenblei als Wurfgewicht ans Schnurende – und üben am besten erst einmal das Auswerfen!

Der Überkopfwurf

Stellen Sie sich ans Ufer und halten die Rute – wenn Sie Rechtshänder sind – mit der linken Hand am unteren Griff fest. Ihre rechte Hand sollte sich im Bereich des Rollenfußes befinden. Nun öffnen Sie den Rollenbügel, fassen die freigelegte Schnur mit dem rechten Zeigefinger und drücken sie gegen den oberen Teil des Rutengriffes. Halten Sie aber weiterhin mit der rechten Hand die Angel am Rollenfuß fest! Wenn Sie jetzt den Druck auf die Schnur am Zeigefinger lösen, wird diese freigegeben und kann sich von der Rolle abwickeln.

Halten Sie die Rute wie beschrieben fest und führen Sie sie, ausgehend von einer etwa waagerechten Haltung, über eine senkrechte Position über Ihren Kopf so weit nach hinten, dass der Spitzenring fast waagerecht – von

Überkopfwurf für Rechtshänder

- Legen Sie die linke Hand an den unteren Rutengriff.
- Die rechte Hand befindet sich am Rutengriff zwischen dem Rollenfuß.
- Nun den Rollenbügel aufklappen.
- Die freigegebene Schnur mit dem rechten Zeigefinger erfassen und an den Rutengriff drücken.
- Nach hinten ausholen und die Rute mit Kraft nach vorne ziehen.
- Den Zeigefinger dann lösen, wenn sich die Rute gerade nicht mehr in der Senkrechten befindet, damit sich die Schnur von der Rolle abwickeln kann.

Ihnen weg – nach hinten zeigt. Dabei steht die Rolle, von der Befestigung am Rutengriff gesehen, in Richtung Himmel. Schauen Sie nun in die Richtung, in die Sie auswerfen möchten. Mit einer schnellen Bewegung lassen Sie die Angelrute nach vorne schnellen – diese Vorwärtsbewegung beschreibt die vorherige Ausholbewegung in umgekehrter Reihenfolge.

In dem Augenblick, in dem sich das Rutenblank gerade nicht mehr in der senkrechten Position befindet, lassen Sie die Schnur los. Führen Sie diesen Bewegungsablauf schnell und kraftvoll durch, damit Ihre Montage und der Köder die nötige Beschleunigung erhalten. Andernfalls landet Ihre Köderpräsentation nach dem Lösen des Zeigefingers bestenfalls vor Ihren Füßen.

Geschwindigkeit und einwirkende Kraft

Die Kunst des Auswerfens wird durch die Geschwindigkeit der Rute, die einwirkende Kraft bei der Ausführung der Wurfbewegung und den Moment des Lösens der Schnur bestimmt. Sie haben Recht: Das hört sich kompliziert an. Ist es aber nicht! Stellen Sie sich einfach vor, Sie wollen einen Stein ins Wasser werfen. Sie holen aus und öffnen, aus einem Gefühl heraus, die Hand – der Stein fliegt in die Richtung, in der Sie ihn hinhaben wollten. Genauso verhält es sich beim Auswerfen der Köder: Die Rute ist Ihr verlängerter Arm, der Köder Ihr Stein und statt die Faust mit dem Stein zu öffnen, löst Ihr Zeigefinger die Schnur. Auf diese Weise beginnt Ihr Köder – aus der Bewegung heraus im entscheidenden Moment losgelassen – zu fliegen. Denken Sie stets daran, dass der Köder um so weiter fliegt, je schneller und kräftiger Sie Ihre Wurfbewegung ausführen. Unter Umständen fliegt er sogar zu weit! Fangen Sie deshalb gefühlvoll an und tasten Sie sich langsam an die eigenen Fähigkeiten heran.

Pendelwurf und seitliches Auswerfen

Weitaus seltener als den Überkopfwurf benötigt man den Pendelwurf. Man braucht ihn, um sehr kurze Distanzen zu überbrücken. Die Wurftechnik läuft ähnlich wie beim Überkopfwurf ab, nur dass Sie die Rute nicht mit der linken Hand festhalten müssen, weil Sie ja keinen kraftvollen Wurf ausführen wollen.

Mit der einen Hand bringen Sie Ihren Köder samt Montage durch Bewegung der Rute – aus dem Handgelenk heraus – zum Pendeln. Wenn sich Ihre Montage in Vorwärtsbewegung befindet, lassen Sie die Schnur los und Ihr Köder saust in Richtung Wasser. Mit dieser Technik erzielen Sie Wurfweiten bis maximal zehn Meter; sie ist nur zum Angeln in unmittelbarer Ufernähe geeignet.

Seitlich Auswerfen

Schließlich gibt es noch den Seitenwurf. Er wird sehr selten verwendet – für den Fall, dass Sie ihn doch einmal benötigen, will ich ihn dennoch kurz beschreiben. Man kann ihn sowohl ein- als auch beidhändig ausführen: Entweder hält man die Rute mit beiden Händen wie beim Überkopfwurf, oder mit einer Hand wie es beim Pendelwurf erforderlich ist. Die Bewegung zur Beschleunigung des Köders führt man jedoch seitlich aus. Auch hier wird die Wurfweite durch die Geschwindigkeit der Bewegung und die dabei eingebrachte Kraft, bestimmt. Der Winkel, in dem der Köder wegfliegt, ergibt sich aus dem Moment, in dem man den Zeigefinger löst und sich die Schnur von der Spule abzuwickeln beginnt.

Das Posenangeln auf Weißfische

Die Angelmethoden haben sich seit den Zeiten der Bambusrute kräftig weiterentwickelt. Nahezu für jede Fischart entstanden spezielle Vorgehensweisen. Das fängt schon mit der Pose an. Früher diente eine Pose einzig und allein zur Bisserkennung, weshalb man mit einem Weinkorken bestens bedient war. Heute werden ganz andere Anforderungen an einen Schwimmer gestellt.

Generell erlaubt es eine Posenmontage dem Angler, seinen Köder in jeder beliebigen Wassertiefe anzubieten – vom Grund bis dicht unter der Wasseroberfläche und gleichgültig, ob Sie im stehenden oder fließenden Gewässer angeln. Außerdem sorgt eine korrekt ausgebleite Pose für ein natürliches Köderverhalten – in einem Fluss beispielsweise kann sich Ihr Köder dann genau so in der Strömung bewegen, wie es die Flossenträger von ihrer natürlichen Nahrung erwarten. Beim Angeln über Grund kann der Köder in der Nähe des Bodens gehalten werden, und beim Abtreiben verhält er sich genau wie ein frei schwebendes Nahrungspartikel.

Die pfeilförmige, fest stehende Pose

Über die Grundauswahl an Posen habe ich im Kapitel über die Angelausrüstung gesprochen. Wie kommen sie nun zum Einsatz?

Die pfeilförmige, fest stehende Pose wird zum Fang von kleinen Weißfischen wie Brassen, Rotaugen und Güster in stehenden, nicht zu tiefen Gewässern verwendet. Konkret heißt das, dass die Wassertiefe nicht mehr als

DIE PFEILFÖRMIGE, FESTSTEHENDE POSE

Posengröße

Welche Posengröße Sie wählen und mit wie viel Bleischroten Sie diese austarieren, hängt von ihrem Verwendungszweck ab. Bei ruhiger Wasseroberfläche und kurzen Wurfweiten wählen Sie das kleinste Modell. Bei zunehmend windigeren Bedingungen oder weiteren Distanzen nehmen Sie ein Modell mit höherer Tragkraft.

3,30 Meter betragen sollte, da Ihre Rute nach meinem Ausrüstungsvorschlag auf 3,60 Meter Länge begrenzt ist. Ob Sie mit dieser Posenform nur im nahen Uferbereich oder aber auch weit draußen angeln können, hängt von der allgemeinen Gewässertiefe ab. Altarme von Flüssen und kleinere Teiche sind in der Regel recht flach, meist sind sie sogar deutlich flacher als 3 Meter.

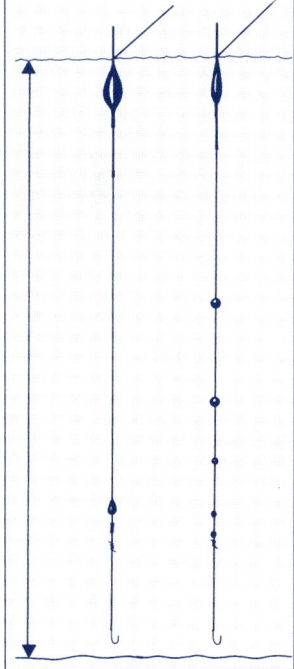

Bebleiung mit Tropfenblei (links) und Bleischrotkette (rechts).

Das Anfertigen der Montage

Nehmen Sie eine der schlanken, pfeilförmigen Stehwasserposen zur Hand. Im oberen Teil, unmittelbar unter der Antenne, sehen Sie eine kleine Öse. Dort müssen Sie die Schnur hindurch fädeln. Am unteren Teil des Posenkörpers befindet sich ein Stück Draht, auf den ein oder mehrere Gummis geschoben sind. Ziehen Sie diese Gummis herunter und schieben Sie sie auf die Angelschnur, danach wird der Draht des Schwimmers wieder durch die Gummis gezogen. Jetzt wird der Schwimmer etwa 50 Zentimeter weit hochgeschoben. Nachdem die Pose nun so weit befestigt ist, wird ein kleiner Karabiner-Wirbel mit dem Grinnerknoten am Ende der Hauptschnur befestigt.

Da Sie es zu Anfang auf kleinere Fische abgesehen haben, benötigen Sie auch einen kleinen Haken. Nehmen Sie einen von den Weißfischmodellen (mit fertigem Vorfach) in der Größe 14 und hängen Sie die Schlaufe des

> **Überprüfung des Tragkraftverhältnisses**
> ☐ Werfen Sie die Montage ein Stück ins Wasser.
> ☐ Wenn das angeklemmte Blei schwer genug ist, wird die Pose so weit unter Wasser gezogen, dass nur noch die Antenne sichtbar ist.
> ☐ Sollte mehr von der Pose herausschauen, muss nachgebleit werden.
> ☐ Überprüfen Sie das Verhältnis nach jedem weiteren angebrachten Blei!

Vorfaches in den Karabiner des Wirbels ein. Jetzt fehlt nur noch die Bebleiung. In der Bleischrotdose finden Sie Bleie in unterschiedlichen Größen. Zunächst werden zwei ganz kleine Bleie auf das Vorfach geklemmt, eines etwa 10 Zentimeter über dem Haken und das andere weitere 10 Zentimeter versetzt. Danach wählen Sie zwei bis drei größere Kugeln und klemmen diese mit Fingerspitzengefühl auf die Hauptschnur. Fangen Sie etwa 5 Zentimeter hinter dem Wirbel an und vergrößern Sie die Abstände zueinander zum Haken hin.

Vermeiden Sie es, mehr als sechs Schrote zu verwenden. Sind höhere Gewichte nötig, ist der Einsatz von Tropfenbleien (vgl. Zeichnung S. 41) sinnvoller.

Tragkraft prüfen

Nun überprüfen Sie die Tragkraftverhältnisse, indem Sie die Montage ein Stück ins Wasser werfen. Ist die Bebleiung korrekt, wird der Schwimmer gerade so weit unter Wasser gezogen, dass nur noch die Antenne herausschaut. Aber im Normalfall dürfte diese geringe Anzahl an Blei nicht ausreichen und der Sichtkörper wird sich bestenfalls aufrichten. In dem Fall wählen Sie nun kleinere Schrote und klemmen diese einzeln auf die Hauptschnur. Nach jedem einzelnen Schrot überprüfen Sie das Ausbleiungsverhältnis wie eben beschrieben.

Das Ermitteln der Angeltiefe

Wenn Ihr Schwimmer ordentlich austariert ist, müssen Sie nun die Angeltiefe ermitteln. Das heißt, Sie müssen den Schwimmer so weit nach oben schieben, bis der Köder an der Stelle, an der Sie angeln möchten, dicht über dem Grund zu schweben kommt. Schieben Sie die Pose stückchenweise nach oben, werfen Sie aus und beobachten Sie, wie sich das Ganze verhält. Richtet sich die Pose nicht mehr auf, sondern bleibt flach an der Oberfläche liegen, ist Ihre Montage zu tief eingestellt und der Köder liegt samt Bebleiung auf dem Grund. Ein paar Zentimeter zurück geschoben, wird nach erneutem Auswurf der Schwimmer wohl schräg stehen. Dies ist ein Merkmal dafür, dass noch immer ein Teil der Bebleiung auf dem Grund liegt. Wenn Sie die Pose jetzt noch ein Stück nach unten schieben, müsste die gewünschte Angeltiefe ermittelt sein und der Köder treibt kurz über dem Grund.

> **TIPP**
>
> Experimentieren Sie mit der Angeltiefe! Sollten sich in etwa halbstündigen Zeitspannen keine Bisse einstellen, könnte es durchaus möglich sein, dass die Weißfische ausnahmsweise in anderen Wasserschichten ihr Unwesen treiben. In dem Fall ziehen Sie den Schwimmer einfach mal ein Stück nach oben oder unten!

Die Angeltiefe richtig ermitteln

- Die Pose auf der Hauptschnur nach oben schieben.
- Pose liegt schräg oder flach im Wasser – zu tief eingestellt.
- Pose steht senkrecht im Wasser – Angeltiefe ermittelt.

Die Köder

Bevor nun endlich die Rute zum Fang ausgelegt wird, muss der Haken beködert werden. Weißfische fallen auf so manche Leckerei herein, deshalb möchte ich ein paar Alternativen vorstellen. Die Nummer Eins unter den Weißfischködern sind Maden, also die Larven, aus denen später Fliegen werden.

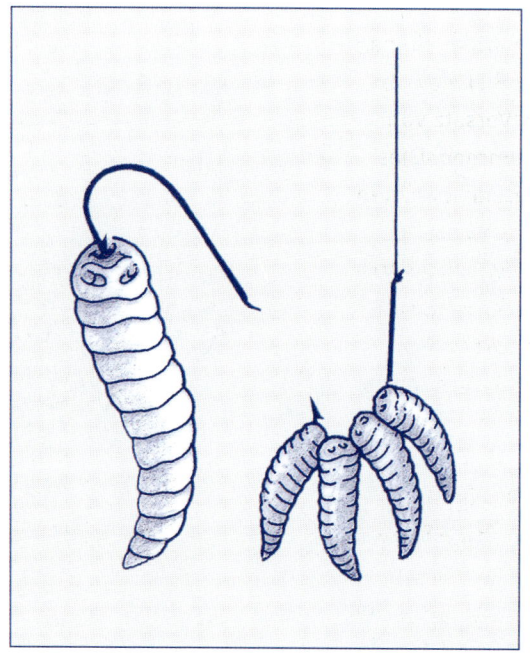

So werden Maden richtig auf den Haken gezogen.

Es gibt kleine, Pinkies genannte, und große Maden, die auf den Haken gesteckt werden.

Wenn Sie sich eine Made genauer ansehen, werden Sie feststellen, dass sie zwei unterschiedliche Enden hat. An einem Teil des Körpers befindet sich ein kleiner schwarzer Punkt, der durch zappelnde Bewegungen auffällt. Dort bitte nicht den Haken einstechen, sonst machen Sie dem Köder schnell den Garaus und berauben ihn seiner beweglichen Attraktivität. Am anderen Ende der Made sehen Sie zwei kleine Punkte, die wie Augen wirken. Genau dort wird der Haken vorsichtig eingestochen und die Made auf ihn gezogen. Wenn Sie alles richtig gemacht haben, sollte Ihr Köder nun wie wild am Haken zappeln und so einen besonderen Anreiz, selbst für weniger hungrige Fische, bieten.

Achten Sie darauf, dass die Hakenspitze nach dem Aufziehen der Köder frei bleibt, damit der Haken leicht ins Fischmaul fassen kann. Zwei bis drei Maden sind die Norm beim Beködern von Weißfischhaken. Haben Sie es aber auf kapitalere Brassen abgesehen, so können sie weitaus mehr dieser Larven auf einen größeren Haken zeihen, z.B. auf einen 6er-Haken etwa zehn Maden.

Ebenfalls beliebt bei Weißfischen sind kleine Mistwürmer und Maiskörner. Beschränken Sie sich bei Ihren ersten Angelversuchen auf diese Köder, später können Sie dann anfangen zu experimentieren. Mehr über Köder finden Sie im Kasten auf S. 62 sowie im Lexikon bei den einzelnen Fischarten.

Der Köderfall

Mit Hilfe der Bebleiung verleihen Sie dem Köder ein natürliches und attraktives Bewegungsspiel. Bislang habe ich empfohlen, die Bleischrote mit einem Versatz von etwa 5 Zentimetern an die Schnur anzuklemmen. Dies bewirkt, dass der Köder, je nach eingesetzten Gewichten, langsam durch die verschiedenen Wasserschichten absinkt, bis er den Grund erreicht. Da die Fische nicht ausschließlich auf dem Boden nach Nahrung suchen, sondern sich durchaus auch gern im Mittelwasser oder an der Oberfläche aufhalten, ist diese Art der Anbietung zu empfehlen.

Falls Sie nun feststellen, dass Ihr Köder häufiger von einem Fisch aufgenommen wird, ehe er den Grund erreicht hat, oder sich aber über längere Zeit keine Bisse einstellen, wenn er bis in Bodennähe abgesunken ist, sollten Sie die Angeltiefe verändern. Ziehen Sie dazu den Schwimmer ein ganzes Stück nach unten und angeln Sie so in einem Tiefenbereich irgendwo zwischen dem Bodengrund und der Oberfläche. In der Regel fängt man so Rotaugen und Rotfedern. Brassen hingegen bilden in dieser Tiefe eher die Ausnahme, da sie bevorzugt Schutz und Nahrung am Gewässergrund suchen.

Zeichnet sich aber ab, dass die Bisse erst dann erfolgen, wenn der Köder komplett abgesunken ist und es während der gesamten Spanne zwischen dem ersten

Köderfall und Bebleiung

- Die Anordnung der Bleischrote auf der Schnur beeinflusst den Köderfall.
- Auseinandergezogene Bebleiung – langsames Absinken des Köders, natürliches Sinkverhalten, zum systematischen Abfischen aller Wasserschichten.
- Enge Bebleiung – rasches Absinken des Köders, zum gezielten Befischen der tiefen Wasserschicht am Grund.

Einklatschen und dem völligen Absinken „ruhig bleibt", kann man über die Ausbleiung der Pose den Köderfall verändern, damit er schneller absinkt. Hierzu schiebt man die Bleischrote, die sich über dem Wirbel befinden, dichter zusammen. Mit einem Abstand von etwa einem halben Zentimeter zueinander, kurz über dem Wirbel beginnend, bewirkt man, dass sich ein größerer Schwerpunkt bildet. Die Konsequenz ist ein schnelleres Absinken des Köder.

In der Regel ist das Anbieten des Köders am Grund am effektivsten, weil Brassen in den meisten Gewässern am stärksten vertreten sind. Um den Köder schnell absinken zu lassen, kann statt der Bleiketter besser das Tropfenblei (vgl. S. 41) verwendet werden. Es bildet einen Schwerpunkt und ist schnurschonend, da es nicht auf die Hauptschnur geklemmt wird, sondern frei auf ihr gleitet, geschützt durch ein eingegossenes Kunststoffröhrchen.

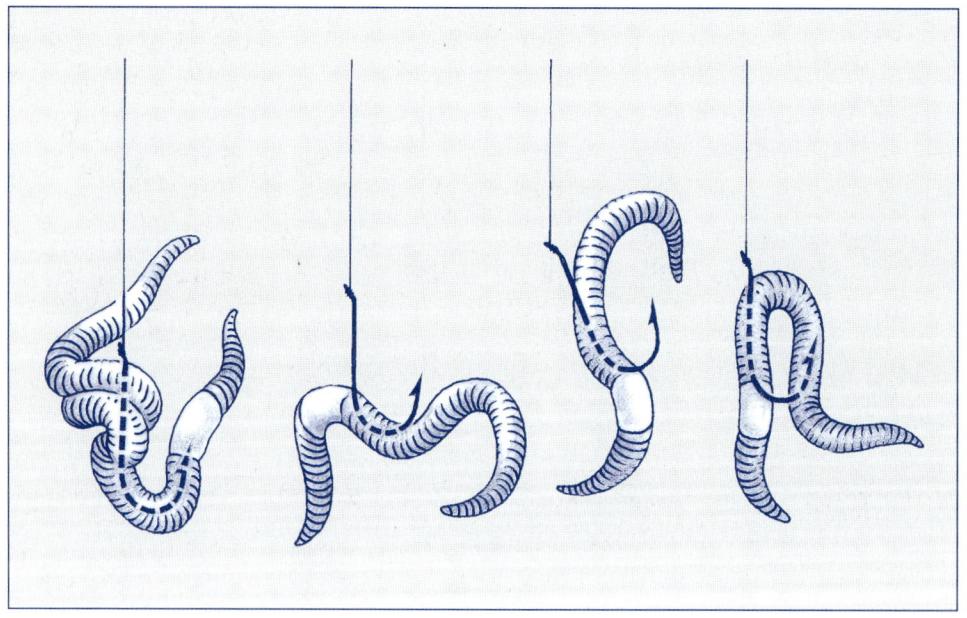

Beköderungsvarianten für den Tauwurm.

Der Haken

Wählen Sie zu Beginn des Angelns einen kleinen Haken der Größe 14. In der Regel finden sich zuerst die kleineren Fische am Angelplatz ein, meist handelt es sich um Rotaugen. Nach einer gewissen Zeitspanne und durch regelmäßiges Nachfüttern (vgl. Kasten S. 48) werden die Fische größer. Dicke Rotaugen bis hin zu mehrpfündigen Brassen sind auf das Futterangebot aufmerksam geworden und haben sich zu den kleineren Artgenossen hinzugesellt. Spätestens dann kann die Hakengröße verändert werden. Probieren Sie den 12er- oder 10er-Haken aus und achten Sie darauf, ob die Anzahl der Bisse und die Ausbeute, die Sie dabei machen, in etwa gleich bleibt. Bekommen Sie viele Bisse, ohne dass der Haken im Fischmaul fasst, wechseln Sie lieber wieder zur kleineren Hakenvariante.

TIPP

Die Hakenspitze und der kleine Widerhaken sollten immer köderfrei bleiben. Zu einem 14er-Haken passen ein bis zwei Maden oder ein kleines Maiskorn, während Sie auf einen 12er bis zu vier und auf den 10er bis zu sechs Maden aufziehen können.

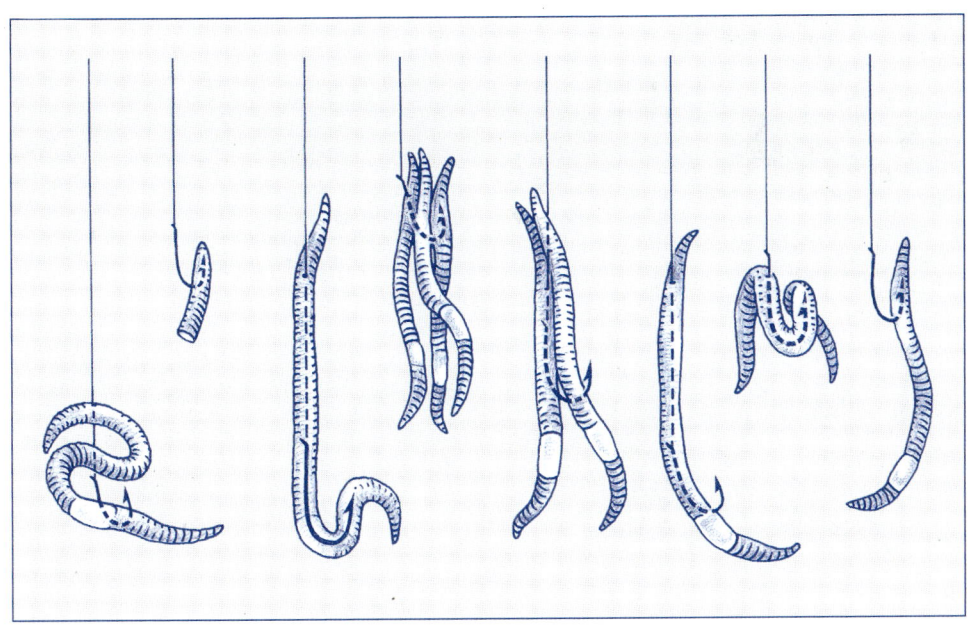

Beköderungsbeispiele mit Rot- und Mistwurm.

Futter für die Fische

Der Haken ist beködert und die Rute ausgeworfen, doch das reicht nur selten aus, um einen Fisch zu fangen. Was fehlt noch? Sie müssen die Fische anlocken, um sie auf den Hakenköder aufmerksam zu machen.

Stippfutter

Im Fachhandel finden Sie fertig abgepackte Futtermehle, sog. Stippfutter. Auf der Verpackung finden Sie eine Kurzbeschreibung für den empfohlenen Verwendungszweck. Teilen Sie dem Verkäufer mit, wo Sie angeln wollen und lassen Sie sich ein Futter empfehlen.

Futterzubereitung

Am Seeufer geben Sie etwas von diesem Fertigpulver – gut vier bis fünf Hände voll – in einen Eimer oder eine Futterwanne. Fügen Sie etwas Wasser hinzu und verreiben das Ganze mit der flachen Hand – so lange, bis Sie aus der Masse beim Zusammendrücken mit beiden Händen einen Ball formen können. Wenn Sie zuviel Wasser beifügen, bekommen Sie einen matschigen Brei, mit zu wenig Wasser haben Sie keine Bindung im Futter. Zu guter Letzt mischen Sie ein paar Maden darunter und verrühren diese ebenfalls mit der flachen Hand.

Einbringen des Futters

Nun formen Sie zwei bis drei apfelsinengroße Ballen und werfen diese kurz vor dem Schwimmer ins Wasser. Bereits beim Absinken zum Grund beginnt das Futter, sich aufzulösen und hinterlässt einen lockende Spur. Am Grund selbst zerfallen die Ballen dann in relativ kurzer Zeit und vermitteln dem nahrungssuchenden Fisch den Eindruck eines reichhaltigen Futterplatzes. Achten Sie darauf, dass Sie Ihren Köder in unmittelbarer Nähe des eingeworfenen Futters anbieten! Ein paar Meter abseits kann schon bedeuten, dass nicht ein einziger Anbiss erfolgt. Liegen Sie hingegen richtig, so dürfte es nicht lange bis zum ersten Biss dauern.

Nachfüttern

Nach etwa jedem fünften Biss ist Nachfüttern angesagt; denn schließlich wollen Sie die Fische in Fresslaune und somit auch an Ihrem Angelplatz halten. Ein bis zwei hühnereigroße locker zusammen gepresste Ballen reichen völlig aus. Merken Sie schon vorher, dass die Bisse deutlich weniger werden, zögern Sie nicht länger mit dem Nachfüttern! Wenn sich an Ihrem Angelplatz allerdings gar nichts abspielt, verfallen Sie bitte nicht in die Unsitte, Unmengen an Futtermitteln einzuwerfen. Wechseln Sie lieber die Angelstelle und probieren Sie Ihr Glück woanders.

Verhältnis zwischen Haken und Köder

Neben der Größe muss das Verhältnis zwischen Haken und Köder stimmen. Nimmt man einen 14er-Haken und beködert ihn mit sechs Maden, wäre er hoffnungslos überladen. Von dem feinen Draht wäre nichts mehr übrig, da er samt Hakenspitze von den Ködern überdeckt würde. Bei einem Biss könnte er weder ins Fischmaul eindringen noch in diesem fassen.

Eine alte Regel besagt, dass man mit großen Ködern auch große Fische fängt. Nun, dass große Fische auch größere Köder bewältigen können, dürfte einleuchten. Dass sie durch größere Beute auch schneller gesättigt sind, dürfte aber ebenfalls klar sein. Demnach lassen sich kapitalere Exemplare auch mit größeren Brocken besser fangen. Es ist aber dennoch nicht auszuschließen, dass eine mehrpfündige Brasse an einem 14er-Haken mit einer Made Gefallen findet!

Der Hauptunterschied zwischen der Anbietung einer Made auf einem 14er-Haken und dem Madenbündel auf einem 10er ist natürlich die Auffälligkeit – ein größerer Köder fällt leichter ins Auge. Außerdem können Sie so die Beute selektieren, denn ein kleines Rotauge wird zwar sicherlich kein Problem haben, die 14er-Anbietung aufzunehmen, aber an dem 10er-Haken mit Madenbündel wird sie scheitern. Sie wird lediglich durch Zupfen versuchen können, einen Teil davon abzubeißen. Falls Sie nun Ihre Angeltechnik nicht ändern wollen – indem Sie eine kleinere Haken-Köder-Kombination einsetzen –, weil Sie lieber größere Beute machen wollen, sollten Sie den Köder aber häufiger kontrollieren, um auszuschließen, dass die Zwerge alles vom Haken heruntergefressen haben. Manchmal werden die Maden regelrecht ausgelutscht, so dass nur noch deren Hülle leblos am Haken hängt.

> **TIPP**
> Häufige Fehlbisse an großen Ködern sind ein Indiz für vermehrtes Auftreten von Kleinfischen!

Die Laufpose kommt zum Einsatz

An vielen Gewässern fällt der Boden vom Ufer an steil ab; hier können Sie mit der 3,60-Meter-Rute und der fest stehenden Pose nur eingeschränkt auf kurze Distanzen angeln. Sonst wäre es Ihnen unmöglich, den Köder dicht über dem Boden anbieten zu können. Mit einem frei auf der Hauptschnur gleitenden Schwimmer wird es Ihnen jedoch möglich, in Grundnähe zu angeln, egal, wie tief das Gewässer ist.

Montage

Im Aufbau unterscheidet sich diese Montage nur geringfügig von der zuvor beschriebenen. Zunächst einmal wird ein Gummistopper auf die Hauptschnur gezogen (ich empfehle gleich zwei, da sie dann nicht so leicht verrutschen). Danach kommt die Laufpose. Sie besitzt entweder eine Öse am unteren Ende – dann wird die Schnur durch diese Öse geführt – oder eine Innenführung. Bei der zweiten Variante verläuft die Schnur wie durch einen Strohhalm durch die gesamte Pose. Am Stopper angelangt, wird der Lauf der Pose gestoppt und somit die eingestellte Tiefe erreicht (vgl. S. 25).

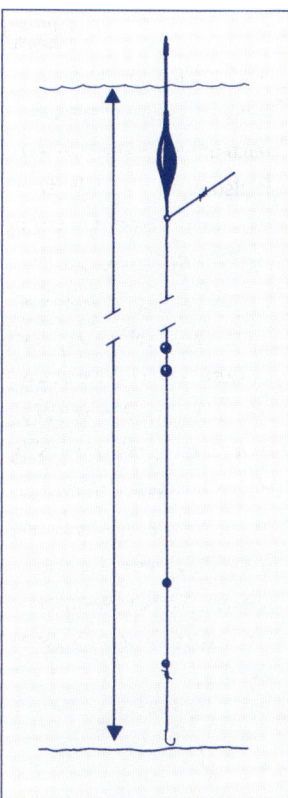

Mit der Laufpose dicht über dem Grund gefischt.

Orientierungshilfen

Und wie merke ich mir den Anfutter-Platz? Auf der Wasseroberfläche finden sich immer irgendwelche Schatten von Bäumen oder Gebäuden, die sich darauf spiegeln. Solche Schatten lassen sich hervorragend zur Orientierung nutzbar machen, was die Wurfentfernung oder den angefütterten Bereich betrifft. Sie können auch einen überhängenden Ast oder auffälligen Busch wählen. Alles, was sich vom Bild der gegenüberliegenden Uferpartie abhebt, eignet sich als Orientierungspunkt!

Posenangeln im Fließwasser

Im stehenden Wasser ist die Ausbleiung der Posen der einzige Faktor, der den Köder bezüglich Absinkgeschwindigkeit und Bewegungsspiel beeinflusst. In Flüssen und von Schiffen befahrenen Kanälen kommt noch die Strömung hinzu. Turbulenzen im Wasser können bei der Wahl eines falschen Posenkörpers und einer nicht korrekten Bebleiung bewirken, dass der Köder gar nicht bis zum Grund absinkt, sondern wehrlos im Sog hin und her gerissen wird.

Die Strömungsstärken im Fließwasser sind recht unterschiedlich und meistens auf den ersten Blick gar nicht ersichtlich. Es ist durchaus möglich, dass in einem an der Oberfläche völlig ruhig wirkenden Abschnitt eine heftige Strömung herrscht. Umgekehrt kann ein turbulent wirkender Flussabschnitt eine weit weniger starke Strömung aufweisen, als es augenscheinlich der Fall ist.

Strömungssituation erkennen

Beim Fließwasserangeln ist es daher oberstes Gebot, zunächst einmal die Strömungssituation zu definieren. Das heißt, Sie müssen die Wahl der Pose – man setzt kugel- oder eiförmige Posen ein, die den Strömungsdruck besser brechen und sich beim Abtreiben und Halten ruhiger zeigen – und deren Ausbleiung den Verhältnissen optimal anpassen. Für Anfänger ist dies recht schwierig, da sie noch nicht über ein geschultes Auge verfügen, um die Situation zu erkennen. Das bedeutet wiederum, dass die Montage mehrfach geändert werden muss, bis man die optimale Lösung gefunden hat. Scheuen Sie sich nicht, Ihre Präsentation auch einmal neu anzufertigen – der Erfolg wird Ihnen bald Recht geben.

> **TIPP**
> Bei Wind und Wellen überwerfe ich meinen Futterbereich um einige Meter – werfe also zu weit –, senke dann die Rutenspitze unter Wasser ab und hole schnell so viel Schnur ein, bis sich die Pose über dem angefütterten Platz befindet. Dadurch ziehe ich einen Großteil der Schnur unter Wasser, mit dem Erfolg, dass Wind und Wellen nicht mehr so negativ auf die ausliegende Schnur einwirken können. Und die Montage treibt auch nicht mehr ganz so schnell ab.

Driften und Halten

Abtreiben oder driften lassen bedeutet, dass sich die Montage mit der Strömungsdrift frei bewegt – so lange, bis man die Montage einholt und erneut auswirft. Beim Halten dagegen wird die Montage vom Angler in der Strömung auf einer Stelle fixiert. Mit der kurzen 3,60-Meter-Rute ist das freilich nur eingeschränkt möglich. Entweder sitzt man parallel zur Strömung und hält die Pose in kurzem Abstand zur Rutenspitze fest. Oder aber man setzt sich auf eine Steinschüttung (auch Buhnenkopf genannt), wie man sie häufig in größeren Flüssen vorfindet, und angelt in Strömungsrichtung. Mit einer kurzen Rute ist das sicherlich die bessere Lösung, um den Sichtkörper an einer Stelle zu halten, denn man kann so auch auf größere Distanzen den Köder auslegen.

Halten und driften lassen sind beides erfolgversprechende Angeltechniken; das Halten des Köders im Strom ist allerdings weitaus bequemer, da man den Schwimmer nur in einem begrenzten Bereich beobachten muss und zudem die Montage nicht ständig eingeholt und ausgeworfen werden muss. Das Driften lassen ist dagegen ein sehr aktives Angeln. Vorausgesetzt, die Fische beißen gut, ist es sicherlich eine Methode, die viel Spaß macht. Wenn allerdings nur alle halbe Stunde ein Fisch anbeißt, werden Sie schnell die Freude daran verlieren – in dieser Zeitspanne haben Sie Ihren Köder etwa 50 Mal eingeholt und wieder ausgeworfen.

Die Montage

Bevor Sie ans Halten oder Driften lassen gehen, müssen Sie sich für einen der dickbäuchigen Schwimmer entscheiden; je stärker die Strömung ist, um so höher sollte seine Tragkraft sein. Beginnen Sie zunächst mit einem kleineren Modell! Befestigen Sie es auf der Hauptschnur und bringen Sie danach den Wirbel mit dem Grinnerknoten an. Darüber klemmen Sie so viel Schrotblei auf die Schnur, wie nötig ist, um die Pose auszutarieren. Vermeiden Sie aber möglichst Bleiketten, bei denen die einzelnen Kügelchen weit auseinander stehen.

Es gilt hier, so wenig Gewichte wie möglich zu verwenden. Denn für das Strömungsangeln brauchen Sie – wie bei der Montage für schnell absinkende Köder im stehenden Gewässer – einen zentralen Schwerpunkt. Dadurch erreichen Sie nicht nur ein schnelles Absinken des Köders im Strom, sondern auch, dass dieser überhaupt am Grund ankommt. Würde man mehrere kleine Bleikügelchen mit größeren Abständen anbringen, würden diese, als Einzelnes gesehen, viel weniger Gewicht auf einen Punkt einbringen und könnten kaum der Strömung „gegenhalten".

> **TIPP**
>
> Sollten Sie sich verstärkt dem Flussangeln widmen wollen, empfehle ich den Einsatz von Tropfenbleien. Wie der Name schon erahnen lässt, haben diese Bleie die Form eines Tropfens und werden als Laufblei auf die Schnur gezogen. Es gibt sie im Handel in 0,5-Gramm-Abstufungen; also 0,5 g, 1 g, 1,5 g usw. Das Tropfenblei hat den Vorteil, dass Sie mit einem einzigen Gewicht einen Schwerpunkt bilden können, der den Köder rasch absinken lässt. Außerdem sind diese Bleie sehr schnurschonend.

Eiförmige, fest stehende Posen mit unterschiedlicher Tragkraft für das Angeln im Fluss.

Ausloten: So ermitteln Sie die Angeltiefe

Nehmen Sie eines Ihrer kleineren Birnenbleie oder ein spezielles Lotblei – es sollte die Tragkraft Ihrer Pose um mindestens die Hälfte überschreiten – und hängen es in den Karabinerwirbel ein. Beim Auswerfen zieht nun das Blei den Schwimmer mit in die Tiefe. Holen Sie ein und verschieben Sie den Schwimmer so lange, bis er beim erneuten Auswerfen noch eben so aus dem Wasser ragt. Sicher werden Sie dafür mehrere Versuche brauchen.

Denken Sie daran, dass bei der ermittelten Tiefe die Länge des Vorfaches mit berücksichtigt werden muss! Hängen Sie das Vorfach in den Karabiner und behalten die ermittelte Tiefe bei, so angeln Sie mit einem Vorfach, das über den Grund schleift. Sie wollen aber dicht über dem Bodengrund angeln. Also ziehen Sie einfach die Länge des Vorfaches von der ermittelten Angeltiefe ab und setzen die Pose dementsprechend etwas weiter herunter.

Das Vorfach

Wie beim Angeln im Stehwasser können im Fließwasser fertig gebundene Vorfächer eingesetzt werden. Allerdings sollten diese zur besseren Köderführung gekürzt werden. Die im Handel angebotenen Vorfächer sind in der Regel 30 bis 50 Zentimeter lang; Angaben darüber finden Sie auf der jeweiligen Verpackung. Wenn Sie in Fließgewässern angeln, sollten Sie die Vorfächer auf 15 bis 25 Zentimeter kürzen. Als Faustregel gilt: je stärker die Strömung, desto kürzer das Vorfach.

Anfüttern im Fließwasser

Futterbeschaffenheit Das Futter muss im Fließwasser eine stärkere Bindung aufweisen als im stehenden Gewässer, sich langsamer auflösen und vor allem viel schwerer sein, damit es schnell absinken kann. Im Fachhandel gibt es spezielle Futtermischungen für Fließgewässer. Lassen Sie sich beraten. Zur Beschwerung können Sie feinen Aquarienkies beimischen! Er sorgt dafür, dass die Ballen schneller absinken und sich dennoch im richtigen Verhältnis unter Wasser auflösen.

Futterzubereitung Das Wasser wie gewohnt sparsam zufügen, bis Sie eine Mischung erhalten, aus der sich recht feste Ballen formen lassen. Füttern Sie zu Beginn etwa drei bis fünf apfelsinengroße Ballen.

Futterplatzierung Platzieren Sie die Futterballen etwa zwei bis drei Meter vor dem Bereich, an dem Ihre Pose steht. Die Strömung sorgt dafür, dass das Futter beim Absinken etwas abtreibt, so dass es beim Auftreffen am Boden in etwa dort zu liegen kommt, wo sich Ihr Köder befindet.

Angeln in der Futterfahne Werfen Sie das Futter aus und lassen Sie Ihren Köder öfter von der Stelle, an der das Futter eingebracht wurde, abtreiben. Dort, wo Sie die häufigsten Bisse bekommen, befindet sich das Futter – so bringen Sie in Erfahrung, welchen Einfluss die Strömung auf eingebrachte Futtermittel hat. Man spricht hier übrigens vom Angeln in der Futterfahne, also in der Wolke, die sich aus den sich auflösenden Bestandteilen der Futterballen bildet und sich stromabwärts bewegt.

Angeln mit dem Grundblei

Vielleicht fragen Sie sich, wieso man bei schwierigen Wetterbedingungen oder in der Strömung überhaupt mit der Pose angelt. Nun, es gibt keine Angeltechnik, die einen Biss so sensibel anzeigt, wie es mit der Posenmontage möglich ist. Das liegt daran, dass der Abstand zwischen Köder und Sichtkörper relativ gering ist und das Ganze senkrecht verläuft, so dass jegliche Schwimmbewegung, die von einem beißenden Fisch verursacht wird, direkt sichtbar übertragen wird. Gleichgültig, ob die Beute mit dem Köder seitwärts, auf- oder abwärts schwimmt, an der Pose wird dies sofort ersichtlich. Selbst vorsichtige Zupfer werden durch leichtes Ruckeln angezeigt. Doch man kann seine Köder auch direkt am Grund anbieten, indem man Pose und Bleischrote weglässt und an deren Stelle ein Grundblei verwendet. Wie das geht, werde ich nun schildern.

Posenangeln und Grundbleiangeln – der feine Unterschied

Stellen Sie sich vor, Sie werfen zwei Köder etwa 40 Meter weit aus, den einen mit einem Grundblei, den anderen mit Posenmontage. Wenn sich an beiden Ruten ein kleines Rotauge zu schaffen machen, den Köder leicht anheben und ein wenig damit spielen würde, würde sich der Schwimmer an der Posenrute auf jeden Fall bewegen, vorausgesetzt, er ist gut austariert. An der Grundrute wird man von dem Geschehen unter Wasser wahrscheinlich gar nichts mitbekommen, da der Fisch die gesamte Schnurlänge von 40 Meter in Bewegung versetzen müsste, damit der Angler an seiner Rutenspitze überhaupt etwas sehen könnte.

Vorteile und Einsatzbereich

Das Grundbleifischen ist also unsensibler, hat aber dennoch einige Vorteile. Zum einen kann man diese Montage sowohl zum Fang kleinerer Fische einsetzen, als auch zur Jagd auf kapitalere Karpfen, Aale und Hechte. Der entscheidende Vorteil ist aber, dass ein ausgelegter Köder auch definitiv auf der Stelle liegen bleibt, an die man ihn befördert hat. Wind und Wellen lassen ihn nicht abtreiben. Hauptsächlich wendet man das Angeln mit der Grundbleimontage auf kapitale Fische an, die genügend Kraft aufbringen, bei einem Biss so an der Schnur zu ziehen, dass dies auch an der Rutenspitze sichtbar wird.

Bisserkennung über die Rutenspitze

Um kleinere Fische mit der Grundangel zu erbeuten, haben sich im Laufe der letzten Jahre spezielle Methoden entwickelt. Winkelpicker, Feeder und Schwingspitz sind Schlagworte für diese Angelpraktiken. Alle drei Techniken zielen darauf, die Bissanzeige über die Rutenspitze sensibler zu machen.

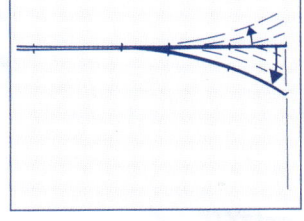

Bisserkennung über die Rutenspitze.

Schwingspitze

Bei der Schwingspitzrute hat man eine Spitze entwickelt, die frei beweglich von der eigentlichen Rutenspitze herunterhängt. Sie legen Ihre Rute waagerecht auf dem Rutenhalter ab. An der Spitze befindet sich eine Verlängerung, die senkrecht nach unten zeigt. Vorsichtig spannen Sie die Angelschnur und in dem Winkel, wie die Schnur im Wasser verschwindet, hebt sich die frei bewegliche Spitze langsam an. Schon ein vorsichtiger Biss bewirkt, dass die Schwingspitze in Bewegung versetzt wird.

> **TIPP**
>
> Wollen Sie Ihre Rute zum Grundfischen auf kleinere Friedfische umrüsten? Lassen Sie vom Fachhändler an Ihrer Rute anstelle des vorhandenen Spitzenringes einen anderen anbringen, der über ein Innengewinde verfügt. Dort kann man eine Schwing- oder Zitterspitze aufschrauben. Somit haben Sie dann auch eine Rute zum feineren Grundangeln.

Feeder und Winkelpicker

Ähnlich funktioniert es bei der Feeder- und Pickerangelei. Dort hat man die Ruten mit sehr dünnen und ultrasensibel reagierenden Spitzen ausgestattet, die aber robust genug sind, beim Wurf gewichtigerer Bleie nicht zu brechen. Auch sie lassen feinere Bisse deutlicher und leichter erkennbar werden.

Bissanzeiger

Generell gibt es beim Grundangeln zwei Methoden der Bisserkennung. Die eine – über die Rutenspitze – haben Sie bereits kennen gelernt. Die andere liefern separate Bissanzeiger, die in die Schnur eingehängt werden. Man kann sie sich leicht selber basteln. Neben diesen mechanischen Bissanzeigern gibt es aber auch elektronische, auf denen die Rute aufgelegt wird und durch welche dann die Schnur verläuft.

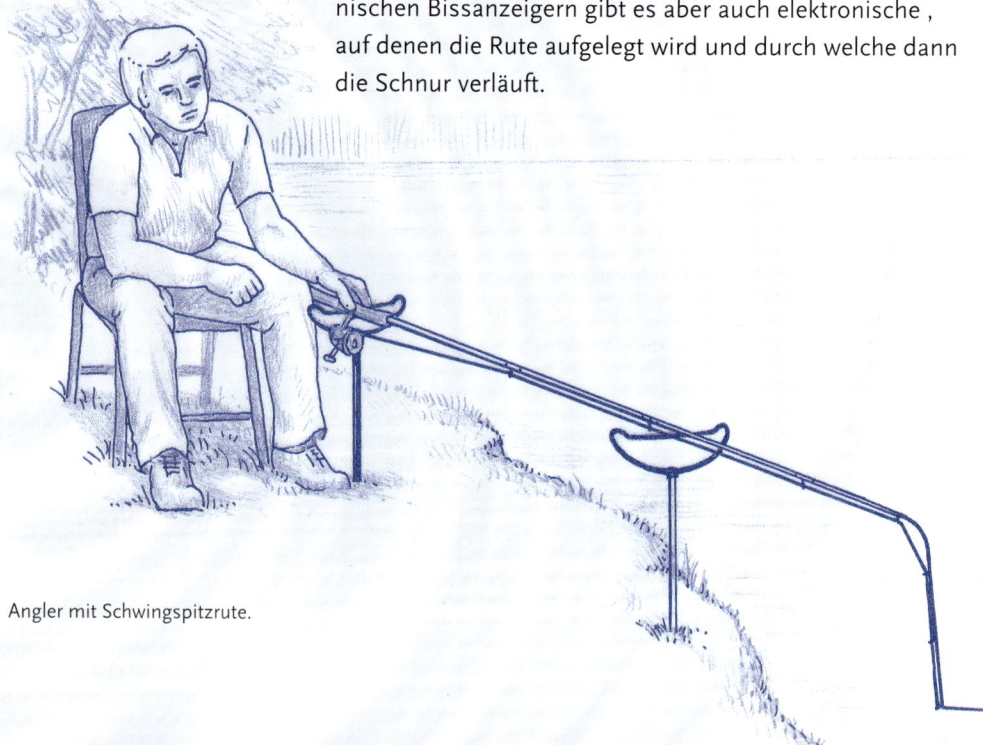

Angler mit Schwingspitzrute.

Bissanzeiger Marke Eigenbau

Hätten Sie gedacht, dass Überraschungseier auch zum Angeln gut sind? Nehmen Sie die Kunststoffhülse eines Überraschungseis und stechen mit einem Stück Draht ein Loch hinein. Knicken Sie nun den Draht im Inneren ein wenig um, so dass er nicht mehr herausrutschen kann. Den herausschauenden Teil lassen Sie etwa 6 Zentimeter überstehen und biegen ihn zu einem zu zwei Dritteln geschlossenen Kreis.

Diesen Bissanzeiger können Sie in die Schnur, zwischen dem ersten und zweiten Ring hinter der Rolle, hängen. Die Schnur sollte etwas gelockert sein, so dass der Bissanzeiger in kurzem Abstand unter der Rute baumelt. Zieht nun etwas an der Schnur, beginnt der leichte Bissanzeiger nach oben zu steigen und Sie wissen, dass unter Wasser etwas vor sich geht.

Um zu verhindern, dass beim Angeln im Fließwasser das Überraschungsei durch die Strömung angehoben wird, kann man es je nach Bedarf mit einigen Bleischroten oder etwas Sand beschweren.

Elektronische Bissanzeiger

Elektronische Bissanzeiger gibt es mittlerweile ab etwa fünfzig Mark (25 €) – ein Luxus, der das Grundfischen auf kapitale Exemplare ungemein erleichtert.

So gehen Sie damit um: Entweder stellt man die Rollenbremse ganz locker ein oder man öffnet den Bügel. Die Hauptsache ist, dass der angebissene Fisch Schnur von der Rolle ziehen kann. Das aktiviert den Bissanzeiger und lässt einen grellen Piepton ertönen. Zu dem akustischen Signal kommt noch ein optisches hinzu – mittels einer Leuchtdiode, die vor allem bei Dunkelheit sehr hilfreich ist. Insbesondere wenn Sie mit mehreren Ruten

Elektronischer Bissanzeiger.

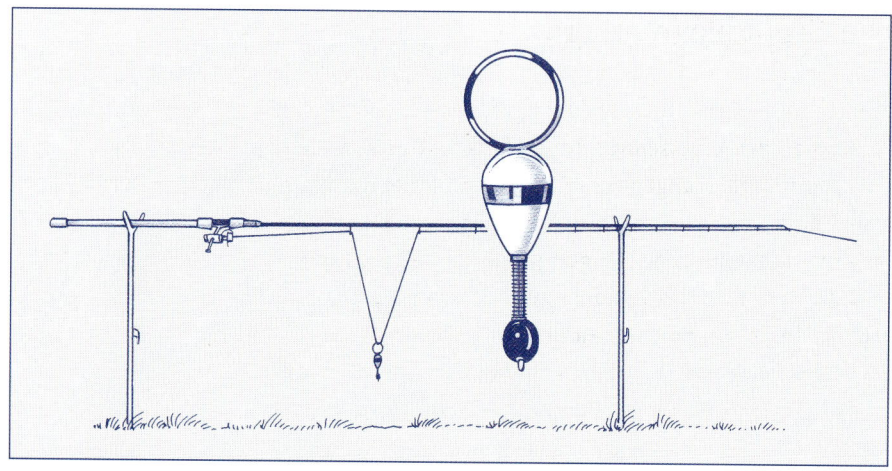

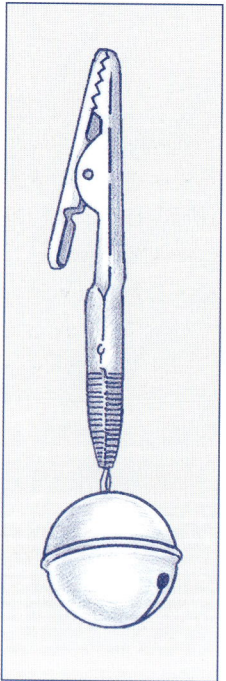

Einhänge-Bissanzeiger (oben) und Aalglocke zum Anklemmen (unten).

gleichzeitig fischen, sehen Sie durch das Leuchten sofort, an welcher Angel ein Fisch angebissen hat. Beim Kauf eines elektronischen Bissanzeigers ist vor allem darauf zu achten, dass das Gerät wasserdicht ist.

Die Bisserkennung im Fluss

Beim Angeln im Fließwasser gibt es noch eine weitere Methode, einen Biss sichtbar zu machen. Dabei stellt man die Rute mit ihrer Spitze steil zum Himmel auf und spannt die Schnur mit der Rolle so, dass sie, ohne durchzuhängen, schräg zum Köder verläuft. Nun beobachtet man die Spitze. Fängt diese an zu ruckeln oder neigt sich wippend zum Wasser, kann man davon ausgehen, dass sich ein Fisch am Köder zu schaffen macht.

Wem das beharrliche Starren auf die Rutenspitze zu anstrengend ist, der kann an der Spitze eine sogenannte Aalglocke befestigen. Wenn etwas an der Schnur ruckelt, fängt diese an zu bimmeln. Gerade beim Nachtangeln zeigt sich der wahre Sinn – bekanntlich kann man im Dunkeln besser hören als sehen!

Die Grundbleimontage

Einfach und effektiv für den Anfänger: Zunächst einmal fädelt man die Angelschnur durch das Öhr des Wirbels, der am Birnenblei angegossen ist. Dann bindet man mit einem Grinnerknoten den Karabinerwirbel an. Das Vorfach mit dem Haken einhängen (verwenden Sie Haken und Vorfach wie beim Posenangeln) – und fertig ist die Standardmontage zum Grundfischen!

Falls Sie es zu Beginn mit dem Grundangeln auf Weißfische (Güster, Brassen, Rotaugen) probieren möchten, gilt es auch hier, den Angelplatz mit ein wenig Futter vorzubereiten. Dann ist wieder zielgenaues Anwerfen des Platzes wichtig. Tut sich längere Zeit nichts, müssen Sie den Köder einholen, kontrollieren und erneut auswerfen. Köder verwenden Sie wie im Kasten auf S. 62 und im Lexikon bei den einzelnen Fischarten beschrieben.

Das richtige Gewicht

Die Wahl des Gewichtes hängt davon ab, wie weit Sie werfen möchten. Für kurze Distanzen reichen 15 Gramm; um sehr weit auswerfen zu können, bietet sich die 60-Gramm-Birne an. Bei kleineren Zielfischen wählt man möglichst geringe Wurfgewichte. Denn das Blei sinkt möglicherweise in den Gewässergrund ein, im ungünstigsten Fall verschwindet es samt Wirbel im Schlick. Um bei einem Biss diesen auch an der Rute erkennen zu lassen, müsste der Fisch seine Beute mit einer Kraft bewegen, die das eingesunkene Blei so weit anhebt, dass die Schnur ungehindert durch das Öhr rutschen kann. Es ist klar, dass ein Mini-Rotauge ganz schön ins Schwitzen käme, müsste es ein 60 Gramm-Blei bewegen; ein mehrpfündiger Karpfen hingegen würde davon wahrscheinlich nicht einmal Notiz nehmen.

> **TIPP**
>
> **Für geringe Wurfweiten und kleinere Zielfische verwenden Sie ein kleineres Birnenblei als Wurfgewicht. Mit steigender Wurfweite und für größere Zielfische müssen Sie das Wurfgewicht steigern.**

Beliebte und fängige Köder

Maden	Zum Angeln auf kleinere Friedfische wie Brassen, Güster und Rotaugen. Im Angelfachgeschäft erhältlich. Kühl lagern (Kühlschrank oder Keller), pur oder mit wenig Sägemehl verpackt
Tauwürmer	Gut geeignet für Aale, Karpfen, Schleien. Groß, doch relativ leblos. Kühl lagern. Im Angelfachgeschäft erhältlich. Selbst sammeln: In der Dunkelheit auf feuchten Wiesen. Sehr lichtscheu.
Rote oder Mistwürmer	„Allround-Köder" für z.B. Brasse, Karpfen, Schleie, Aal, Rotauge, Döbel oder Forelle. Klein, doch als Köder durch ihr heftiges Zappeln sehr attraktiv. Sehr wärmeempfindlich, deshalb auch beim Transport kühl lagern. Im Angelfachgeschäft erhältlich. Selbst sammeln: Zu Tausenden auf Komposten. Oder mit einem Spaten in den Boden stechen, ruckende Bewegungen ausführen – die Vibration im Boden treibt die Tiere an die Oberfläche. Funktioniert nur in feuchtem Boden
Brotkruste	Gern genommen von Brassen, Döbel, Rotfedern und Karpfen. Nachteil: Wird schnell weich und fällt vom Haken. Vorteil: Sinkt langsam ab und bleibt sogar schwimmfähig.
Teig- oder Pastenköder	Brotinneres ohne Kruste mit Wasser zu einem geschmeidigen Teig kneten. Mit Zucker, Honig, Kakaopulver, Gewürzen, Flavours aus dem Angelfachgeschäft kann der Köder geschmacklich verändert werden. Experimentieren Sie! Karpfen und Brassen lieben besonders die süße Variante. Sowohl für Posen- als auch Grundbleimontage geeignet. Teig birnenförmig um den Haken kneten, so dass dieser ganz bedeckt ist.
Zuckermais aus der Dose	Gut geeignet für Brassen und Rotaugen, aber auch andere Fische beißen. Vorteil: Leicht zu bevorraten. Überall erhältlich.
Was sonst noch „schmeckt"	Sämereien wie weichgekochter Hanf oder Weizen. Angefeuchteter Toast zur Teigpaste geknetet. Kleine Käsestückchen. Bissfest gekochte Kartoffeln. Kirschen.
Mein Tipp	Sobald Sie mit den wichtigsten Abläufen beim Angeln vertraut sind, etwas Übung haben und sich Erfolge einstellen, können Sie sich auch an die ersten Köder-Experimente wagen. Der Phantasie sind dabei fast keine Grenzen gesetzt.

Das Raubfischangeln

Bisher haben Sie gelesen, wie man Friedfischen mit der Angel nachstellt. Doch vielleicht sind Sie schon recht erfolgreich im Fangen dieser „harmlosen Gegner" und wollen sich nun an die Räuber in den Gewässern wagen. Hierfür müssen Sie die bereits beschriebene Technik – je nach Zielfischart – etwas modifizieren. Freuen Sie sich auf spannende Stunden am Wasser!

Der Aal

Aale sind die geheimnisvollsten unserer Fische. Trotz aller wissenschaftlicher Bemühungen gelang es bis heute keinem Forscher, den Aal in Gefangenschaft nachzuzüchten. Auch ist immer noch ungeklärt, wie sie ihren weiten Weg zu den Laichgründen in der Sargassosee finden, wenn ihre Zeit gekommen ist und sie aus unseren Gewässern die lange Wanderschaft antreten. Eines ist allerdings sicher: Aale verfügen über einen stark ausgeprägten Geruchssinn, der ihnen zum Auffinden der Beute – oder des angebotenen Köders – dient.

Aale beißen am besten zu später Stunde.

Zusätzliche Ausrüstung

Aale werden kaum tagsüber gefangen, zu ihrer Lebensweise gehört, dass sie hauptsächlich bei Dunkelheit auf Beutezug gehen. Falls Sie nun den einen oder anderen

> **TIPP**
>
> Ich benutze beim Posenangeln auf Aale ein Stahlvorfach mit einem Zwillings- oder Drillingshaken. Es ist nämlich durchaus möglich, dass auch Zander oder Hecht Gefallen an Ihrem Aalköder finden. Die vielen spitzen Hechtzähne können ein monofiles Vorfach beschädigen, so dass es nicht mehr standhält und reißt. Mit Stahl gehen Sie auf Nummer sicher.

„Schleicher" überlisten wollen, sollten Sie es also mit Nachtangeln versuchen. Neben Ihrer Grundausstattung gehören dann noch eine Taschenlampe, eine Dose Würmer oder, falls Sie es auf Raubaale abgesehen haben, ein gutes Dutzend etwa fingerlange Köderfischchen mit ins Gepäck. Rotaugen in dieser Größe sind aufgrund ihrer schlanken Körperform ideal. Aber auch Barsch und Ukelei (Laube) kommen in Frage. Sollte der Fang von Köderfischen Probleme bereiten, können in vielen Zoogeschäften kleine Rotaugen günstig erworben werden.

Und welche Technik setzen Sie nun ein? Sowohl die Grund- als auch die Posenangel ist zum Aalfang geeignet, beides hat seinen Reiz.

Posenangeln auf Aale

Natürlich würde man einen einfachen Schwimmer im Dunkeln nicht mehr sehen, daher ist die Verwendung eines Leuchtschwimmers, batteriebetrieben oder mit Knicklicht, angebracht. Je nach beangelter Wassertiefe setzen Sie Lauf- oder fest stehende Pose ein. Die Montage wird genauso aufgebaut, wie im Abschnitt über das Posenangeln ab S. 40 beschrieben: Pose, Bleischrote zum Austarieren, Wirbel und Haken. In diesem Fall können Sie einen großen Wurmhaken nehmen, der auch zum Beködern mit Fischchen verwendet werden kann.

Grundangeln auf Aale

Das Grundfischen auf Aal ist genauso einfach. Grundblei, Wirbel und Hakenvorfach – mehr braucht man nicht für eine fangfähige Montage. Falls Sie mit einem Fischköder angeln, lassen Sie dem beißenden Aal Zeit und angeln Sie mit geöffnetem Rollenbügel. Wenn Sie einen Biss bekommen, soll der Räuber zunächst Schnur von der Rolle ziehen können. Das ist wichtig, denn in der Regel schnappt sich ein Raubaal die Beute, schwimmt ein paar Meter mit ihr herum, bleibt wieder stehen und frisst sie dann. Beginnt er, erneut Schnur zu ziehen, ist der Zeitpunkt für den Anhieb gekommen.

Bei Wurmködern schlage ich allerdings sofort an, wenn ich den Biss bemerke; es sei denn, ich verwende ein Wurmbündel. Ein einzelner Rotwurm auf dem Haken ist selbst für kleine Aale kein Problem und der Haken müsste sofort fassen, ohne dass man lange warten muss. Übrigens ist das Aalangeln mit Wurmködern effektiver – man kann mit mehr Bissen rechnen und fängt demnach auch mehr. Dafür sind es allerdings auch meist kleine „Schnürsenkel", die einem an den Haken gehen. Schnürsenkel – so werden Aale allgemein betitelt, die recht kurz und dünn sind.

Der Gummi-Trick mit Alufolie – trotzen Sie Wind und Wellen

Damit Wind und Wellen die Schnur bei geöffnetem Rollenbügel nicht von der Rolle ziehen können und Sie fälschlicherweise denken, ein Aal hätte angebissen, behelfen Sie sich mit folgendem Trick: Vor dem ersten Ring über der Rolle befestigen Sie ein Haushaltsgummi, so dass es eng um den Rutenblank liegt. Nun klemmt man die Schnur unter das Gummi und zwar so, dass die Schnur, falls ein Fisch daran zieht, leicht vom Gummi gelöst werden kann. Der Fisch darf keinen großen Widerstand zu spüren bekommt. Damit man den Anbiss nicht „verschläft", ist ein Stück Alufolie, hinter dem Spitzenring auf die Schnur geklemmt, nützlich. Da es nachts nur selten richtig dunkel ist, reicht die vorhandene Lichtstärke immer noch aus, um das Silberpapier erkennen zu können. Beißt ein Aal und zieht die Schnur aus dem Gummi oder von der Rolle ab, bewegt sich das Silberpapier in Richtung Wasser und Sie bemerken den Biss.

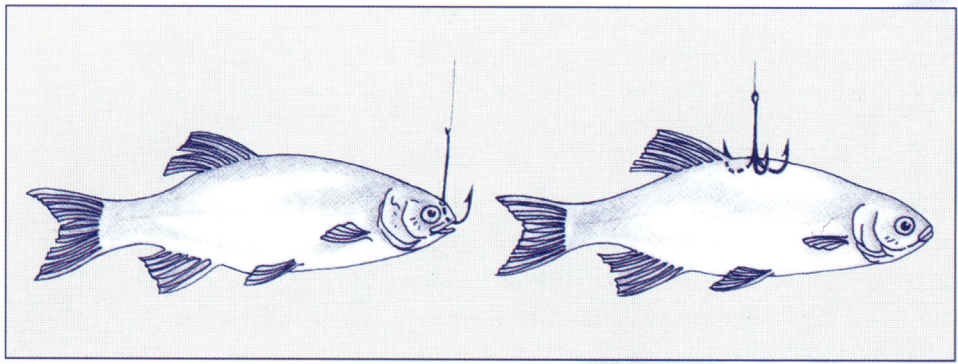

Zwei gängige Arten, einen toten Fisch zu beködern.

Der Hecht

Auch der Hecht, als Meister Esox bekannt, lässt sich sowohl mit der Posen- als auch mit der Grundangel fangen. Bei Verwendung der Posenmontage benötigt man allerdings größere Schwimmer und gewichtigere Bleie zum Austarieren. Optimal sind Posen zwischen 50 und 100 Gramm Tragkraft. Und man setzt Kugel- oder Olivenbleie mit durchgehendem Loch (frei gleitend auf der Schnur) in den Gewichten der Posentragkraft ein.

Die größeren Schwimmer sind notwendig, weil man zum Hechtangeln größere Köderfische, idealerweise etwa 15 Zentimeter lang, einsetzt. Denken Sie unbedingt daran, ein Stahlvorfach, am besten mit Drillingshaken, zu verwenden, um einen Schnurbruch durch die spitzen Zähne zu vermeiden.

Dicht über oder direkt am Gewässergrund angeboten liegt Ihr Köder ideal. Da im Herbst die Wasserpflanzen verschwinden, verliert der Hecht seine Deckung, aber auch seine Beutefische. Das hat zur Folge, dass seine Nahrung wie auch er selbst im freien Wasser herumstreift – die beste Zeit zum Hechtangeln ist gekommen. In den Sommermonaten muss man die Standorte von Meister

Esox erst einmal durch häufiges Angeln ausfindig machen. Im Herbst schwimmt er auf der Suche nach Beute viel motivierter umher und die Fangaussichten steigen.

Schwere Gewichte

Vielleicht ist Ihnen schon aufgefallen, dass das Wurfgewicht Ihrer 3,60-Meter-Rute, die ja nur bis 60 Gramm ausgelegt ist, um einiges überschritten wird, wenn man die Gewichtszahlen von Pose, Blei und Köderfisch addiert. Solange Sie damit keine Gewaltwürfe ausführen, macht das aber überhaupt nichts. Normalerweise braucht man auch nicht weit zu werfen. Hechte halten sich mit Vorliebe unter Bootsstegen, Krautfeldern und Seerosen oder zwischen dem Geäst versunkener Bäume auf; allesamt Zonen, die man in Ufernähe finden wird.

Der Zander

Mit einem natürlichen Köder, also einem toten Fischchen oder einem Teil davon, angelt man auf Zander. Man benutzt die gleiche Montagen, also Pose oder Grundblei, wie auf den Aal. Allerdings lassen sich Zander nicht nur nachts, sondern auch am Tage hervorragend überlisten. Unterschiede in der bevorzugten Beißzeit können aber auch gewässerspezifisch sein. Ich habe an einigen Altarmen die Stachelritter – so nennt man Zander in Fachkreisen auch – ausnahmslos tagsüber gefangen.

Falls Sie einen Biss bemerken, ganz gleich ob auf Posen- oder Grundangel, geben Sie zunächst die Schnur frei, damit der Jäger mit seiner Beute wandern kann. Erst wenn er mit ihr stehen bleibt, wird er sie fressen. Es kann einige Minuten dauern, bis erneut Schnur von der Rolle gezogen wird, doch dann muss angeschlagen werden.

TIPP

Empfehlen möchte ich für das Zanderangeln fingerlange schlanke tote Köderfische (Rotauge, Ukelei oder Barsch), angeködert werden sie an einem Einzel- oder Zwillingshaken.

Das Spinnfischen – aktiv auf Räuber

Die aktivste Art, um dem Raubfischfang nachzugehen, ist das Spinnfischen. Mit einem künstlichen Köder aus Holz, Metall, Plastik oder Gummi stellt man den Räubern unserer Gewässer nach. Dabei versetzt man durch Einholen der Schnur den Kunstköder in Bewegung und imitiert so die natürliche Nahrung der Raubfische. Die Kunst besteht also darin, durch die Art und Weise, wie man den Köder bewegt, für den Raubfisch den Eindruck einer leichten Beute zu erzeugen.

Je nachdem, wie schnell man die Schnur einholt und wie man die Rute hält, erzeugt man die unterschiedlichsten Bewegungen am Köder. In der Regel sucht der Angler größere Gewässerabschnitte systematisch nach räuberischen Fischarten ab. Dabei arbeitet er sich fächerförmig vor, das heißt, von links nach rechts oder umgekehrt wird das Wasser, Meter für Meter, abgefischt. Meist beginnt man am Ufer entlang und arbeitet sich zum freien Wasser vor. Der Fangerfolg hängt davon ab, ob man es versteht, den Köder in der richtigen Tiefe mit der richtigen Geschwindigkeit zu führen. Es gibt keine allgemein gültigen Regeln, nach denen man sich ausschließlich richten muss. Im Gegenteil: Erfolgreiches Spinnfischen basiert auf Erfahrungen.

Erste Schritte

Der sinnvollste Weg, um Freude am Spinnfischen zu gewinnen und die ersten Fische zu fangen, ist das Abfischen vieler Stellen in kurzer Zeit. Man darf nur nicht den Fehler machen, den Köder großzügig versetzt einzuwerfen und im Turbogang wieder einzukurbeln. Man lässt ihn bis zum Grund absinken und holt ihn langsam wieder ein; zwischendurch hebt man ihn mit der Rutenspitze ruck-

TIPP

Zuerst den Nahbereich abfischen und erst dann die Wurfweite steigern, da sich Raubfische oftmals direkt vor den eigenen Füßen befinden, also im Krautdickicht oder den Kanten am abfallenden Gewässergrund!

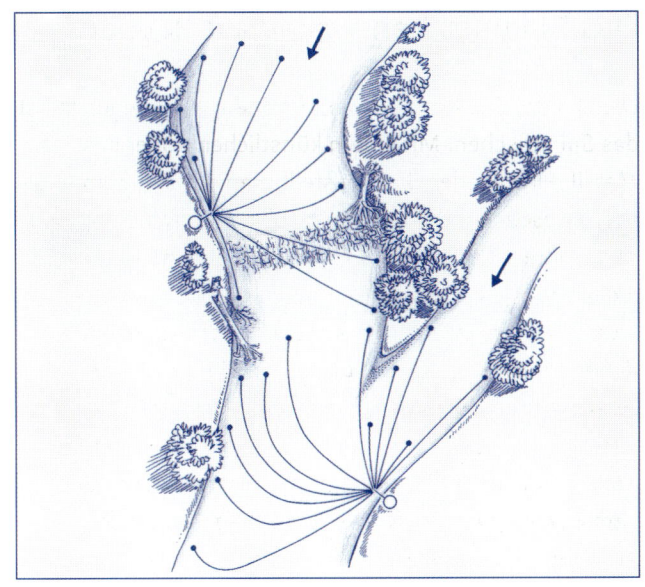

Beim Spinnfischen wird das Gewässer systematisch abgefischt.

artig an, lässt ihn erneut absinken und wiederholt das langsame Einholen. Dem Köderspiel wird so eine Unregelmäßigkeit verliehen, wodurch der Räuber den Eindruck gewinnt, es handle sich um eine kränkliche Beute, also einen leicht zu erwischenden Happen (vgl. Abb. S. 70).

Nur keine Hektik

Der Köder sollte möglichst lange im Wasser geführt werden. Bemühen Sie sich also, weite Würfe zu erzielen, wenn Sie im freien Wasser angelangt sind. Beim Einholen sollten Sie besonders auf die letzten Meter achten: Nicht selten kommt es vor, dass ein Raubfisch erst zuschnappt, wenn er bereits in Sichtweite des Anglers auftaucht. Man spricht auch von Nachläufern, weil die Räuber dem Köder über längere Strecken folgen, bevor sie zuschnappen. Holt man den Köder im Endspurt zu hastig ein, verschenkt man eventuell die Chance auf eine fette Beute, nur weil man zu ungeduldig gehandelt hat.

Überraschende Bisse

Raubfischbisse kommen meist überraschend und sehr heftig. Aber selbst, wenn Sie nur ein leichtes Rucken verspüren und nicht sicher sind, ob der Köder eventuell nur in einem Hindernis hängen geblieben ist, sollten Sie dennoch vorsichtshalber einen Anhieb setzen. Falls es wirklich ein Räuber war, wird der Haken auf jeden Fall tief genug eindringen, um einen sicheren Halt zu bekommen.

Kunstköder für das Spinnfischen

Die Auswahl an Kunstködern ist beeindruckend. Manche von ihnen schwimmen, andere sinken langsam bis auf eine bestimmte Angeltiefe ab, und dann gibt es noch welche, die besonders rasch bis zum Grund sinken. Einem Anfänger hier alle Möglichkeiten vorzustellen, ist sicherlich nicht die Lösung, um ihm das Spinnfischen näher zu bringen. Damit der Einstieg gelingt, sollten Sie mit

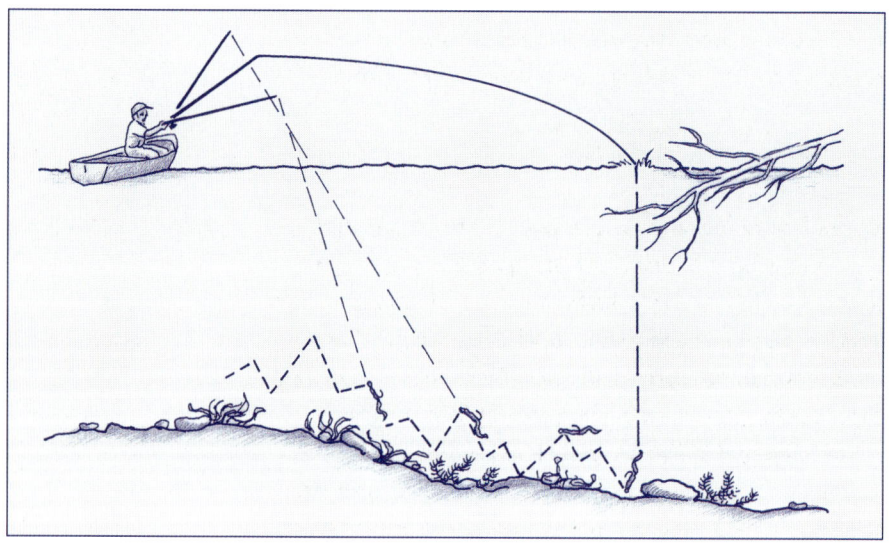

So wird der Köder lebhaft und damit attraktiv geführt.

> **Die Farbe**
>
> Heute wissen wir, dass die Jäger unter dem Flossenwild nicht nur auf Bewegungen, sondern auch auf farbliche Reize reagieren. Um den Einsatz unterschiedlich gefärbter Köder zu vereinfachen, empfehle ich
> - rote, grüne, orange und ähnliche Farben, mit Glitter versehen, am besten in flachen Bereichen bis etwa 3 Meter Tiefe.
> - gelbe und weiße Köder in mittleren Tiefen von etwa 3 bis 6 Metern.
> - blaue, braune oder schwarze Köder in Tiefen über 6 Meter.

Weichplastikködern beginnen. Ihnen einen interessanten Bewegungsrhythmus zu verleihen, ist recht einfach und zudem kosten sie auch nicht viel – ein Gesichtspunkt, der nicht ganz ohne Bedeutung ist. Leicht setzt sich ein Kunstköder in einem Hindernis am Grund fest. Meist kann man einen solchen Hänger lösen, aber es kommt immer wieder vor, dass der Köder dabei abreißt. Wenn Sie nun mit einem Kunstköder einsteigen, dessen Stückpreis bei zehn Mark (5 €) oder mehr liegt, und Sie würden diesen gleich bei einem der ersten Versuche verlieren (was Sie als Einsteiger einrechnen müssen), wäre das Interesse am Spinnfischen und auch einiges an Geld verloren, noch ehe Sie richtig damit begonnen hätten.

Die beste Lösung für Einsteiger

Weichplastikköder wie Twister oder Gummifisch sind sehr fängige und preiswerte Lösungen. Zu Beginn reicht eine kleine Auswahl in verschiedenen Größen und Farben mit den dazu passenden Bleiköpfen (Haken mit Gewicht, vgl. S. 30). Für kleinere Räuber wie Barsche, Forellen und Rapfen setzt man die kleineren Gummiköder ein (3 bis 6 Zentimeter). Für Zander und Hecht empfehle ich größere, etwa 6 bis 15 Zentimeter lange. Ab sechs Zentimeter Köderlänge verwende ich immer ein kurzes, mindestens

15 Zentimeter langes Stahlvorfach, um Verluste bei einem Hechtanbiss zu vermeiden. Sowohl Twister als auch Gummifisch sind so ausgelegt, dass sie selbst bei gleichmäßigem Einholen reizvolle Bewegungen ausführen. Ideal für Einsteiger mit noch nicht optimaler Köderführung.

Die Montage

An die Hauptschnur wird mit dem Grinnerknoten ein Karabinerwirbel (oder ein Stahlvorfach mit Wirbel) angeknotet. Darin wird der Bleikopf eingehängt. Auf den Bleikopf-Haken wird der Weichplastikköder geschoben – und zwar so, dass der Haken nach dem Eindringen in den Maulbereich des Köders am Rücken wieder heraustritt und der Hakenbogen samt Spitze völlig frei liegt. So hat der Haken die beste Chance, bei einem Biss im Maul der Beute zu fassen.

Angeln im Forellenteich – eine spezielle Technik

Forellen fängt man am einfachsten mit kleinen Twistern. Doch ist der Einsatz von Kunstködern an privaten Forellenteichen meist untersagt. Doch Angeln macht erfinderisch. Teig ist ein Naturköder und demnach nicht verboten. Und wenn man ihn richtig formt und langsam durch das Wasser zieht kann man ihm ein Bewegungsspiel verleihen, das so verlockend wie bei einem Kunstköder ist.

Die Montage

Befestigen Sie zunächst einen pfeilförmigen fest stehenden Schwimmer auf der Hauptschnur und tarieren diesen mit möglichst wenigen Bleischroten so aus, dass sich die Beschwerung kurz über dem Wirbel befindet. An

Private Forellenteiche sind für Einsteiger ideal – hier dürfen Sie auch ohne Anglerschein Ihr Glück versuchen.

diesem befestigen Sie ein fertiges Vorfach mit einem Weißfisch- oder Wurmhaken der Größe 8 bis 12. Auf das Vorfach wird jedoch kein Schrot mehr geklemmt. Man lässt das Blei weg, um eine bessere Bewegung des Teigköders zu bekommen. Forellenteiche sind in der Regel flach, daher wird die Angeltiefe ebenfalls flach eingestellt: Gehen Sie auf etwa anderthalb Meter.

Der Köder

Am besten besorgen Sie sich im Handel fertigen Forellenteig; eine helle und eine dunkle Alternative reicht aus. Von diesem Teig nehmen Sie ein etwa daumennagelgroßes Stück und kneten es birnenförmig um den Haken. Dieser sollte komplett mit Teig bedeckt sein. Nun wird der Köder leicht platt gedrückt und zwar so, dass an der unteren Seite eine leichte Wölbung entsteht. Sie haben es richtig gemacht, wenn der Köder sich wie ein Kreisel bewegt, wenn Sie ihn langsam durchs Wasser ziehen.

Nun werfen Sie aus und holen langsam ein, bis Sie ein leichtes Zupfen verspüren. Nun müssen Sie sofort mit dem Kurbeln aufhören und die Pose beobachten. In dem Moment, wo sie zu wandern anfängt oder von der Oberfläche verschwindet, schlagen Sie sofort an!

TIPP

Beobachten Sie Ihre Mitangler. Welchen Köder benutzen sie? In welcher Tiefe angeln sie? Was machen sie sonst noch anders? Von anderen zu lernen ist genauso wichtig, wie das eigene Handeln immer aufs Neue in Frage zu stellen. Es gibt keine perfekten Lösungen, wohl aber der Situation angemessene Methoden.

Für selbst gemachten „Forellenteig" benötigt man ein paar Scheiben Toast ohne Kruste, etwas Öl und Wasserfarben. Die Wasserfarben mit etwas Wasser anlösen und die gefärbte Flüssigkeit mit dem Brot aufsaugen. Dieser Vorgang wird so lange wiederholt, bis das Brot zu einer geschmeidigen Paste verknetet ist. Nun noch das i-Tüpfelchen – ein paar Tropfen Öl einkneten. Das Öl sorgt dafür, dass die Paste wasserabweisend wird, sich nicht so schnell voll saugt und recht lange am Haken hält.

Ein Rezept aus der Köderküche

Die Beute schnappt zu – Anhieb, Drill und Landung

Nun ist er endlich gekommen, der lang ersehnte Moment: Ein Fisch macht sich an Ihrem Köder zu schaffen und Sie bemerken den Biss. Was jetzt?

Nur im Ausnahmefall setzt sich der Haken von allein im Fischmaul fest. Das passiert, wenn das Flossenwild besonders gierig nach dem Happen schnappt und diesen bis tief in den Schlund hinein schluckt. Oder der Fisch legt „im Vorbeischwimmen" einen schnellen Imbiss ein und bemerkt erst beim Weiterschwimmen, dass die Sache im wahrsten Sinne des Wortes einen Haken hatte. Zieht die Beute nun die Schnur stramm, ist die Wahrscheinlichkeit recht groß, dass der Haken ins Fischmaul eindringt.

Beides ist aber die Ausnahme. Meist gehen die Fische bei der Nahrungsaufnahme gelassener zu Werke und inspizieren ihre Beute sehr genau. Es ist deshalb Ihre Aufgabe, den Haken beim Anhieb sicher im Maul des Fisches zu platzieren, ihn im Drill zu ermüden und schließlich an Land zu bringen.

Der Anhieb

Der Anhieb ist der entscheidende Moment beim Fischen: Der Angler muss entscheiden, wann der richtige Augenblick gekommen ist, einen Anhieb (Anschlag) zu setzen. Aber wann genau ist das? Bemerken Sie den Biss eines Fisches, nehmen Sie die Rute in die Hand (wenn Sie sie zuvor abgelegt hatten) und halten diese mit zum Wasser geneigter Spitze solange ruhig, bis Sie meinen, dass es an der Zeit ist, den Haken ins Fischmaul zu treiben. Ein eindeutiges Indiz für den rechten Augenblick ist es beim Posenfischen, wenn der Schwimmer durch einen Fisch in die Tiefe gezogen wird und von der Oberfläche verschwindet. In einem solchen Fall kann man davon ausgehen, dass „gut genommen" wurde.

Um den Anhieb zu setzen, führen Sie mit der Rute eine schnelle Bewegung von unten nach oben aus. Da Sie die Rute mit ihrer Spitze geneigt zum Wasser halten, sollte dies problemlos vonstatten gehen können. Die Hauptschnur strafft sich bis hin zum Haken und überträgt Zugkraft. Der Haken wird jetzt ins Fischmaul eindringen – noch während Sie den Anhieb ausführen spüren Sie deutlich, dass etwas an Ihrer Schnur hängt. Je nach Größe und Gewicht des gehakten Fisches wird sich die Rute mehr und mehr durchbiegen.

Einen situationsgerechten Anhieb kann man nicht durch Lesen erlernen, dazu ist viel Praxis erforderlich. Doch auch dann, wenn der eine oder andere Versuch, einen Fisch zu haken, misslingt, denken Sie daran: Mit jedem Fischkontakt entwickeln Sie mehr Feingefühl und Ihr gesamtes Handeln wird zunehmend perfekter!

Der Anhieb muss entschlossen, aber auch gefühlvoll erfolgen.

Geschwindigkeit und Kraft

Die Schnelligkeit und Kraft bei einem Anschlag richtet sich nach der Angelentfernung – also wie weit vom Ufer entfernt Sie Ihren Köder anbieten –, und danach, auf welche Fischart Sie es abgesehen haben. Generell gilt: Je größer die Entfernung vom Köder zum Angler, um so kraftvoller darf Ihr Anschlag sein. Bei einer kurzen Distanz müssen Sie mit viel Feingefühl an die Sache herangehen.

Trockenübung Machen Sie doch einmal diesen Versuch mit Ihrer Rute: Begeben Sie sich auf freies Gelände und legen Sie Ihre Montage auf dem Boden ab. Klappen Sie den Rollenbügel um, so dass Schnur freigegeben werden kann. Bewegen Sie sich jetzt etwa zehn Meter zurück. Legen Sie den Bügel der Rolle zurück in Ausgangsposition und setzen Sie einen kräftigen Anschlag. Ihre Montage saust jetzt schnell auf Sie zu – oder besser: Sie fliegt Ihnen um die Ohren!

Nun wiederholen Sie die Prozedur mit einer entscheidenden Veränderung. Nachdem Sie die Montage erneut abgelegt haben (markieren Sie bitte diese Stelle), gehen Sie nicht zehn, sondern hundert Meter zurück und setzen dann erneut einen kräftigen Anhieb. Sehen Sie nach, wie weit sich Ihre Montage von der Markierung entfernt hat. Sie werden überrascht sein, wie kurz dieser Abstand ist.

Ein zu schwacher und langsamer Anhieb kann völlig wirkungslos bleiben. Aber auch bei einem zu kräftigen Anschlag kann es zu Pannen kommen. Zupft nur ein sehr kleiner Fisch am Haken und Sie angeln auf kurze Distanz, schießt Ihre Beute samt Montage beim Anhieb vielleicht schon wie eine Rakete aus dem Wasser. Zu viel Kraft bei einem schweren Fisch kann dagegen bedeuten, dass das Vorfach überfordert ist und reißt.

Der Drill

Ihr Anhieb ist gelungen und der Fisch zappelt am Haken. Jetzt beginnt der spannendste Teil des Angelns. Die Beute wird aus ihrem arglosen Treiben in eine befremdliche Situation versetzt und quittiert dies mit Gegenwehr. Durch kontrolliertes Einholen der Schnur wird der Angler nun versuchen, den Fisch in Richtung Ufer zu manövrieren: Diesen Vorgang bezeichnet man als Drill.

Am einfachsten zu drillen sind wohl Rotaugen, die zu den kleineren Fischarten zählen. Schnell schwinden die Kräfte der Beute und sie ermüdet. Bei größeren Arten wie Hecht, Zander oder Karpfen wird der Zweikampf zwischen Fisch und Angler weitaus spektakulärer. Sobald so ein dicker Bursche erst einmal gemerkt hat, dass er am Haken baumelt, mobilisiert er all seine Kräfte und geht ab wie eine Dampflokomotive! Auch mit einer kräftigen Rute lassen sich die ersten wilden Fluchten kaum bremsen. Dem Fisch Einhalt zu gebieten und seine wilde Flucht zu stoppen ist aber genau die Aufgabe, die es zu bewerkstelligen gilt.

Immer mit der Ruhe

Um einen solchen Brocken zu ermüden, braucht es außer Geschick auch Geduld und Ausdauer. Auf jeden Fall gilt es, Stress und Hektik zu vermeiden. Bewahren Sie unbedingt Ruhe und konzentrieren Sie sich nur auf die Bewegungen am Ende der Schnur. Falls Sie bemerken, dass die Beute auf ein Hindernis, etwa ein Seerosenfeld oder versunkene Bäume, zuschwimmt, müssen Sie den Druck auf den Fisch erhöhen. Das bedeutet, Sie müssen die Bremse mit Gefühl ein wenig mehr schließen und den Zug dadurch erhöhen. Ein kritisches Unterfangen, welches unter Umständen den Verlust der Beute bedeuten kann! Dieses Risiko müssen Sie allerdings eingehen, denn wenn der Fisch das Hindernis erreicht hat, ist er in aller Regel verloren.

Ein Fisch im Drill – spannender Kampf zwischen Angler und Beute.

Mit einer gut eingestellten Rollenbremse kann beim Drill eigentlich nichts schiefgehen. Sollte die Belastung der Schnur oder der Rute doch zu stark werden, gibt die Bremse nach und lässt Schnur frei.

> **TIPP**
> Bleibt Ihre Beute im Freiwasser und sind keine Hindernisse in Sicht, können Sie sich beim Drillen ruhig Zeit lassen.

Die Rutenführung

Beim Drill entscheidet die Führung der Rute über Erfolg oder Niederlage. Bei senkrechter Haltung kann sich die Rute am weitesten krümmen und Fluchten am besten abfedern. Eine waagerechte Führung dagegen hätte gar keine Funktion, da die Kraftübertragung direkt auf die Rolle gehen würde. Gedrillt wird also, in dem man die Rute bis auf die senkrechte Position („12 Uhr") hochzieht. Beim Einholen der Schnur führt man die Rutenspitze in Richtung Fisch, bis sie waagerecht steht („21 Uhr"). Diesen Vorgang wiederholt man so lange, bis die Beute ermüdet ist und sich dem Ufer nähert.

Der Kescher

Noch einige Worte zu diesem für Angler wichtigen Utensil: Wer mit einer kurzen Rute unter 3 Metern Länge ans Wasser geht, kommt mit der 08/15-Ausgabe, also einem ganz gewöhnlichen Kescher, aus. Mit längeren Ruten, wie bei Ihrem Modell von 3,60 m, bedarf es aber schon einer Landungshilfe mit einem langen Stiel um sinnvoll mit

> **Reif zum Keschern**
> Vorsicht: Ein Fisch, der scheinbar ermüdet dem Ufer nahe kommt, erschrickt oft beim Anblick des Keschers. Er wird die letzten Kraftreserven mobilisieren und sich vom Ufer wieder entfernen. Lockern Sie die Bremse deshalb in dieser letzten Phase etwas, um zu verhindern, dass bei der explosionsartigen Gegenwehr der Haken aus dem Maul gerissen oder vielleicht sogar das Vorfach gesprengt wird. Reif zum Keschern ist ein Fisch erst dann, wenn er sich kaum noch wehrt und sich problemlos heranziehen lässt.

Der richtige Kescher

- [ ] Langer Stiel, mindestens 1,50 Meter.
- [ ] Grobes Netzwerk (geringerer Widerstand beim Bewegen im Wasser).
- [ ] Bügellänge ab 60 Zentimeter aufwärts.

diesem Hilfsmittel umgehen zu können. Mindestens 1,50 Meter sollte der Griffstiel also schon haben. Es ist viel einfacher, mit einem so „verlängerten Arm" die Beute in die Maschen zu befördern.

Die Preise für eine solche Landungshilfe reichen ja nach Ausführung von 50 bis 100 Mark (25 – 50 €). Für den Einsteiger findet sich aber sicher etwas Passendes in der unteren Preisklasse, das trotzdem alle wichtigen Kriterien zufriedenstellend erfüllt.

Erfolgreich keschern

Versuchen Sie nicht, mit dem Netz hinter dem Fisch herzuhechten! Der Fisch erschrickt und zeigt plötzlich erneute Gegenwehr – oder aber die Schnur verliert an Spannung, weil Sie sich mehr auf das Führen des Keschers konzentriert haben als auf die Rute. Beides kann zur Folge habe, dass Sie Ihre Beute zu diesem Zeitpunkt noch verlieren. Achten Sie also unbedingt darauf, dass die Schnur niemals, auch nicht für den Bruchteil einer Sekunde, durchhängt! Oberstes Gebot während des gesamten Drillverlaufs bis hin zur Landung ist es, den Kontakt mit der Rute über die gespannte Schnur beizubehalten.

Beim Keschern belassen Sie das Netz an einer Position im Wasser und führen Sie den Fisch dorthin – nicht umgekehrt! Und lassen Sie sich nicht erschrecken: Selbst für einen Anfänger werden, je nach eigenem Geschick, Anhieb, Drill und Landung zu einem Kinderspiel.

Erfolgreiches Ende eines Angeltages: Die Beute ist im Netz.

TIPP

Um den Fisch an Land so schonend wie möglich zu behandeln, empfiehlt sich die Anschaffung einer Abhakmatte der Größe 100 mal 30 Zentimeter. Sie wird angefeuchtet und auf ihr der Fisch abgelegt. So vermeidet man Verletzungen durch kleine Steinchen und dergleichen. Dies ist besonders wichtig bei Fischen, die zurückgesetzt werden sollen.

Das Landen

Nun ist es endlich geschafft und Ihr erster Fisch zappelt in den Maschen – an Land mit ihm! Doch bevor Sie ihren Stolz aufs Trockene befördern, denken Sie bitte daran, den Kescher niemals am Stiel aus dem Wasser zu heben. Dann würde die gesamte Last des Kescherkopfes auf ihm lasten und irgendwann – vielleicht noch nicht beim ersten Mal – würde er brechen. So machen Sie es richtig: Wenn der Fisch im Netz ist, ziehen Sie diesen mit dem Kescherstiel heran, bis Sie den Kescherkopf zu fassen bekommen. Nun können Sie Ihre Beute am Kescherkopf angefasst herausheben.

Zurücksetzen

Nun liegt der Fisch vor Ihnen und Ihre Freude ist – verständlicherweise! – groß. Vergewissern Sie sich jetzt, um welche Fischart es sich handelt (vgl. Lexikon ab S. 82) und ob der Fisch die gesetzlichen Bestimmungen an Mindestmaß und Schonzeit erfüllt. Mindestgröße und Schonzeit müssen unbedingt eingehalten werden. Ein zu kleiner Fisch oder ein Exemplar, das während sseiner Schonzeit an den Haken ging, muss auf jeden Fall zurückgesetzt werden. Aber wie gehen Sie dabei vor? Zunächst einmal sollten Sie einen Fisch, noch bevor Sie wissen, ob er nun zurückgesetzt werden muss oder nicht, immer mit nassen Händen anfassen. So vermeiden Sie, dass seine Schleimschicht verletzt wird. Dann wird der Haken vorsichtig entfernt. Der Fisch wird behutsam in sein Element zurückgesetzt. Das heißt, nicht aus stehender Haltung einfach ins Wasser werfen, sondern vorsichtig hineinsetzen – in Fließgewässer mit dem Kopf gegen die Strömung halten – und warten bis er von allein aus der Hand davonschwimmt!

Waidgerecht töten

Eine Beute, die die gesetzlichen Fangbestimmungen erfüllt, dürfen Sie mitnehmen. Aber auch hier gibt es ein paar Dinge, die zu beachten sind. Der Fisch muss nämlich waidgerecht getötet werden. Noch bevor man ihn vom Haken befreit, wird er betäubt – und zwar mit einem kräftigen Schlag durch einen stumpfen Gegenstand. Ausgeführt wird der Schlag am Hinterkopf, kurz hinter den Augen. Der Fisch wird ein paar Mal kräftig zucken, bevor er sich nicht mehr regt.

Auch das gehört zur Angelausrüstung: Messer, Lösezange, Hakenlöser und Schlagstock.

Um ihn zu töten, stechen Sie mit einem Messer in Höhe der Brustflossen von unten in den Fisch ein. Dort befindet sich das Herz und ein präziser Stich führt zum Tod. Jetzt können Sie in aller Ruhe den Haken lösen. Warum erst jetzt? Ganz einfach: Angler sind keine Tierquäler und wollen ihre Beute so schonend wie möglich behandeln. Hakenlösen ist auch für einen Fisch eine Stress-Situation. Wenn man diesen erst nach dem Tod des Tieres löst, erspart man ihm zumindest diese weitere Belastung. Fische sind schließlich Lebewesen – seien Sie sich dessen immer bewusst und handeln Sie dementsprechend verantwortungsvoll!

Lexikon der Angelfische

von Sebastian Bröder

Keine Fischart ist wie die andere. Es gibt Nachtschwärmer wie den Aal, Aggressive wie den Barsch, Friedliche wie die Rotfeder oder extrem Scheue wie die Schleie. Sie leben in Rudeln, in Schwärmen oder als Einzelgänger. Manche Raubfische sind ausdauernde Jäger, andere lauern lieber im Hinterhalt auf ihre Beute. Viele Arten suchen ihre Nahrung am Grund, andere an der Oberfläche. Sesshafte gibt es und Herumtreiber, Schlaumeier und Arglose. Kurz: Jede Art hat ihren eigenen „Charakter". Je mehr ein Angler über eine Fischart weiß, desto erfolgreicher kann er sie beangeln.

Die wichtigsten Angelfische im Überblick

Dieses Kapitel stellt diejenigen Fischarten in Stichworten vor, die dem Petrijünger in Deutschland am häufigsten an den Haken gehen.

Das Lexikon ist unterteilt in Friedfische (S. 83 bis 86), Raubfische (S. 87 und 88) und Salmoniden (S. 89). Innerhalb dieser Gruppen sind die Fische alphabetisch nach ihrem deutschen Namen geordnet.

Barbe
Barbus barbus

Kennzeichen: Schlanker, länglicher Körper mit abgeflachtem Bauch; Rücken braun bis grünlich, Seiten heller; der längste Strahl der Rückenflosse ist verhärtet (Sägestrahl); unterständiges, rüsselartig vorstülpbares Maul mit dicken fleischigen Lippen; vier Barteln an der Oberlippe.
Größe: 30 bis 50 Zentimeter, kapitale Exemplare bis zu 90 Zentimeter.
Wissenswertes: Ausgesprochene Flussfische. Suchen in Schwärmen kiesigen oder sandigen Gewässerboden nach Futter ab, daher vor allem in den Mittelläufen größerer Flüsse zu finden. Aussichtsreiche Angestellen: Abschnitte mit rascher Strömung, die jedoch noch in der Nähe ruhigerer Zonen liegen. Außerdem Gumpen, Felsbrocken, die die Strömung brechen oder Wasserpflanzen.
Köder: Tauwürmer, Käsestückchen, Maden.
Laichzeit: Mai und Juli.
Hauptfangzeit: Juli bis Oktober.

Brassen (Brachsen, Blei)
Abramis brama

Kennzeichen: Hochrückiger, seitlich stark abgeflachter Körper; Rücken dunkelgrau bis schwarz, Seiten silbrig-metallisch, ältere Exemplare häufig mit Goldglanz; vorstülpbares Maul (Rüssel); sehr schleimig.
Größe: 30 bis 40 Zentimeter, kapitale Exemplare bis zu 80 Zentimeter.
Wissenswertes: Brassen sind Grundfische, die meist in großen Schwärmen vorkommen. Sie leben in Seen und Flüssen mit langsamer Strömung. Hier durchwühlen sie bevorzugt schlammigen Boden nach Nahrung. In der Nähe von Pflanzengürteln und Seerosenfeldern liegen daher stets ausgezeichnete Brassenfangplätze.
Köder: Maden, Caster, Rot- und Tauwürmer, Teig, Mais.
Laichzeit: Mai und Juni.
Hauptfangzeit: Ganzjährig, besonders gut von Juni bis September.

Döbel
Leuciscus cephalus

Kennzeichen: Fast drehrunder Körper mit dickem Kopf; große Schuppen mit dunklem Rand (Netzzeichnung); tiefe Maulspalte. Färbung silbrig, Rücken dunkelgrau bis braun.
Größe: 30 bis 40 Zentimeter, kapitale Exemplare bis zu 70 Zentimeter.
Wissenswertes: Döbel bevorzugen Fließgewässer. Sie lieben sauerstoffreiches Wasser, deshalb findet man sie oft unterhalb von Wehren. Tipp: Nicht direkt in der reißenden Strömung angeln, sondern ein paar Meter flussabwärts, wo das Wasser sich schon ein wenig beruhigt hat. Weitere Standplätze: hinter großen Steinen und Brückenpfeilern sowie unter überhängenden Bäumen.
Köder: Frühstücksfleisch, Tauwürmer, Maden, Mais, Kirschen, kleine Spinner, Trocken- und Nassfliegen.
Laichzeit: April bis Juni.
Hauptfangzeit: Juni bis September.

Güster
Blicca bjoerkna

Kennzeichen: Hochrückiger, seitlich stark abgeflachter Körper; Rücken dunkelgrau, Seiten hell silbrig; häufig rötlicher Ansatz der Bauch- und Brustflossen. Verwechslungsgefahr mit kleinen Brassen! Unterscheidung: Brustflossen reichen bei der Güster nicht bis zum Bauchflossenansatz, Afterflosse 19 bis 23 Strahlen (Brassen: 23 bis 28). Maul nicht vorstülpbar.
Größe: 15 bis 20 Zentimeter, kapitale Exemplare bis zu 35 Zentimeter.
Wissenswertes: Güstern nehmen bevorzugt am Grund Nahrung auf, tauchen aber auch im Mittelwasser auf. Sie verlassen nur selten die Uferzone, meist in Schwärmen in unmittelbarer Nähe zu schützenden Pflanzengürteln. Manchmal Schwärme aus Güstern und kleinen Brassen.
Köder: Kleine Würmer, Maden, Caster, Teig, Mais, Getreide.
Laichzeit: Mai und Juni.
Hauptfangzeit: Mai bis September.

Karpfen
Cyprinus carpio

Kennzeichen: Vier hochrückige Zuchtformen und eine lang gestreckte Wildform. Vorstülpbares Maul mit vier Barteln und kräftigen Hartstrahlen an Rücken- und Afterflossen. Lederkarpfen ohne Schuppen, Zeilkarpfen mit einer Reihe großer Schuppen entlang der Seitenlinie; Spiegelkarpfen mit unregelmäßig verteilten großen Schuppen. Schuppenkarpfen und Wildkarpfen vollständig beschuppt.
Größe: 40 bis 60 Zentimeter, kapitale Exemplare bis zu 120 Zentimeter.
Wissenswertes: Liebt warme, stehende oder langsam fließende Gewässer, bevorzugt Sand- oder Schlammgrund und reichen Pflanzenbestand. Gute Angelstellen: Schilfkanten, Krautbetten, überhängende Bäume, Einmündungen von Bächen.
Köder: Boilies, Mais, Teig, Kichererbsen, (Schwimm-)Brot, Frolic (Hundefutter).
Laichzeit: Mai bis Juni.
Hauptfangzeit: Juni bis Oktober.

Rotauge (Plötze)
Rutilus rutilus

Kennzeichen: Teilweise oder ganz rot gefärbte Regenbogenhaut des Auges; Ansatz der Bauchflossen senkrecht unter dem der Rückenflosse (Unterscheidungsmerkmal zur Rotfeder); silbriges Schuppenkleid.
Größe: 15 bis 25 Zentimeter, kapitale Exemplare bis zu 40 Zentimeter.
Wissenswertes: Rotaugen kommen in großen Schwärmen in nahezu allen Fließ- und Stillgewässern vor; häufig stehen sie an Bootsstegen, in seichten Buchten, vor dichten Schilfgürteln und über Unterwasserwiesen (Kraut).
Köder: Maden, Caster, Teig, Mais, Rotwürmer, Geheimtipp: Cocktail aus einer Made und einem Caster.
Laichzeit: April bis Mai.
Hauptfangzeit: Ganzjährig, besonders gut im Juli und August.

FRIEDFISCHE

Rotfeder
Scardinius erythrophthalmus

Kennzeichen: Alle Flossen mit rötlichem Schimmer, besonders Bauchflossen und Afterflosse blutrot; Ansatz der Bauchflossen hinter dem der Rückenflosse (Unterscheidungsmerkmal zum Rotauge); kleines, oberständiges Maul; silbrige Färbung, häufig mit Messing-Schimmer.
Größe: 20 bis 30 Zentimeter, kapitale Exemplare bis zu 45 Zentimeter.
Wissenswertes: Rotfedern sind Schwarmfische, die die Uferzonen aller Arten des Süßwassers bevölkern, in Flüssen vor allem die ruhigen Abschnitte. Sie leben in den oberen Wasserschichten, günstige Fangplätze sind Gebiete mit starkem Wasserpflanzenbewuchs (zum Beispiel Seerosenfelder).
Köder: Maden, Caster, Brotflocken, Teig.
Laichzeit: April bis Juni.
Hauptfangzeit: April bis September.

Schleie
Tinca tinca

Kennzeichen: Kräftiger Körperbau; schwarze Rückenpartie, olivgrüne Flanken; kleine Schuppen; dicke, sehr schleimige Oberhaut; abgerundete Flossen; hohe, kräftige Schwanzwurzel mit gerader, nicht eingebuchteter Schwanzflosse; kleines Maul mit zwei Barteln am Oberkiefer.
Größe: 20 bis 40 Zentimeter, kapitale Exemplare bis zu 70 Zentimeter.
Wissenswertes: Die Schleie ist ein Bodenfisch, bevorzugt ruhiges Wasser. In Waldseen, Teichen und Buchten größerer Seen und Talsperren fühlt sie sich wohl. Sie liebt schlammigen Grund, den sie nach Nahrung durchwühlt. Schleienverdächtige Stellen sind Schilfbänke, Seerosenfelder und unterseeische Krautbetten.
Köder: Kleine Würmer, Tauwurm, Mais, Teig, Miniboilies.
Laichzeit: Mai bis Juli.
Hauptfangzeit: April bis September.

Aal
Anguilla anguilla

Kennzeichen: Schlangenförmiger Körper; sehr schleimige Haut; keine Bauchflossen, Rücken-, After- und Schwanzflosse bilden einen Flossensaum.

Größe: 40 bis 60 Zentimeter, kapitale Exemplare bis zu 120 Zentimeter.

Wissenswertes: Aale leben als nachtaktive Bodenfische, die tagsüber meist bewegungslos in ihren Unterständen (zum Beispiel Krautteppiche, Wurzeln, unterspülte Ufer) stehen. Gute Fangplätze sind dort, wo Unterstände und Jagdreviere (Stellen, an denen sich Kleinfische aufhalten) nah beieinander liegen. Die besten Fangzeiten sind warme, schwüle Sommerabende und -nächte, die Stunden vor und nach einem Gewitter oder tagsüber bei leichtem Regen.

Köder: Tauwurm, frische Fischfetzen, Köderfische.

Laichzeit: Nur einmal im Leben, wandert nach vier bis zehn Jahren im Süßwasser zum Laichen in die Sargasso-See.

Hauptfangzeit: Mai bis September.

Barsch
Perca fluviatilis

Kennzeichen: Grünliche Färbung der Flanken mit dunklen Querstreifen (Binden); zwei Rückenflossen, die vordere mit spitzen Stachelstrahlen; starker Dorn am Kiemendeckel; raue Kammschuppen.

Größe: 15 bis 25 Zentimeter, kapitale Exemplare bis zu 50 Zentimeter.

Wissenswertes: Gute Fangplätze sind strömungsarme Stellen im Fluss, zwischen versunkenem Holz, unter Stegen, an Schilfgürteln, an den Hängen von Unterwasserbergen (so genannte Barschberge) und an Scharkanten. Kapitale Einzelgänger im Freiwasser, an steil abfallenden Ufern und am Fuß von Barschbergen.

Köder: Rotwurmbündel, Tauwurm, kleines Köderfischchen, Spinner, Twister.

Laichzeit: März bis Juni.

Hauptfangzeit: Ganzjährig, am besten Juli bis Oktober.

Hecht
Esox lucius

Kennzeichen: Lang gestreckter, spindelförmiger Körper; stark bezahntes Maul mit tiefer Maulspalte ähnelt einem Entenschnabel; Rückenflosse sitzt weit hinten gegenüber der Afterflosse; Färbung: grünlich.
Größe: 40 bis 80 Zentimeter, kapitale Exemplare bis zu 150 Zentimeter.
Wissenswertes: Obwohl Hechte auch im Freiwasser und an sehr tiefen Stellen vorkommen, gelten sie doch als Standfische der Uferzone. Sie lauern in ihren Unterständen auf vorbeiziehende Fischschwärme. Viel versprechend sind Schilfgürtel, Stege, versunkene oder überhängende Bäume, unterspülte Ufer, Buhnenköpfe.
Köder: Köderfische, Blinker, Wobbler, Spinner, Gummifische.
Laichzeit: Februar bis April.
Hauptfangzeit: Mai und September bis Dezember.

Zander
Stizostedion lucioperca

Kennzeichen: Blasse grau-grünliche Färbung mit schwärzlichen Querbinden; zwei Rückenflossen, die vordere mit spitzen Stachelstrahlen; starke Fangzähne (Hundszähne); raue Kammschuppen.
Größe: 40 bis 60 Zentimeter, kapitale Exemplare bis zu 120 Zentimeter.
Wissenswertes: Tagsüber stehen Zander meist im Tiefen, nachts kommen sie sehr nahe ans Ufer und rauben auch an der Oberfläche. Gute Fangplätze, wo flache Jagdgebiete und tiefe Standplätze nahe beieinander liegen. Standplätze sind zum Beispiel Scharkanten, versunkenes Geäst, Löcher am Gewässerboden, Strömungskanten, ausgespülte Rinnen bei Einläufen von Nebengewässern.
Köder: Gummifische, Twister, Köderfische, Köderfisch-Systeme, tief geführte Wobbler.
Laichzeit: April bis Juni.
Hauptfangzeit: Juni bis Dezember.

SALMONIDEN 89

Bachforelle
Salmo trutta forma fario

Kennzeichen: Torpedoförmiger, lang gestreckter Körper; kleine Schuppen; große Maulspalte; Rücken dunkelgrün bis bräunlich, Seiten heller mit gelb-bräunlicher Färbung und roten sowie schwarzen Punkten; Fettflosse.

Größe: 20 bis 35 Zentimeter, kapitale Exemplare bis zu 80 Zentimeter.

Wissenswertes: Kommt auch in Seen vor, ihr Lieblingsgewässer ist aber ein schnell fließender und kalter Bach oder Fluss. Vor allem ältere Bachforellen sind sehr standorttreu, bewohnen ein Revier, das sie kaum verlassen. Gute Stellen sind überhängende Büsche und Bäume, unterspülte Ufer, Gumpen, Strömungshindernisse wie Felsbrocken, Brückenpfeiler.

Köder: Trocken- und Nassfliege, Spinner, Blinker, kleine Wobbler, Köderfisch am System.

Laichzeit: Oktober bis Januar.

Hauptfangzeit: Mai bis September.

Regenbogenforelle
Oncorhynchus mykiss

Kennzeichen: Rötlich bis violett schillernde, regenbogenartige Färbung an den Flanken; Körper mit Ausnahme der Bauchpartie mit kleinen schwarzen Punkten; Fettflosse.

Größe: 25 bis 40 Zentimeter, kapitale Exemplare bis zu 70 Zentimeter.

Wissenswertes: Regenbogenforellen sind wesentlich unempfindlicher als Bachforellen, vertragen wärmeres Wasser mit weniger Sauerstoff. Sie sind nicht sehr „versteckbedürftig", beanspruchen ein großes Revier, sind nicht besonders standorttreu, wandern umher, suchen große Gewässerstrecken nach Nahrung ab. Gezielt suchen kann man sie unter überhängenden Bäumen, unterspülten Ufern und in Gumpen.

Köder: Forellenteige, Blinker, Spinner, kleine Wobbler, Würmer, künstliche Fliegen.

Laichzeit: Oktober bis Mai.

Hauptfangzeit: Juni bis September.

Rechtliche Bestimmungen

Wer angelt, muss sich an geltende Rechte halten. An Binnengewässern und oft auch am Meer darf man nur mit Fischereischein angeln, der ab einem gewissen Alter eine bestandene Fischereiprüfung voraussetzt. Zusätzlich braucht man in der Regel für das betreffende Gewässer eine Angelberechtigung. Schonzeiten und Mindestmaße sind einzuhalten und weitere Vorschriften zu beachten. Die rechtlichen Bestimmungen unterscheiden sich je nach Land, Bundesland oder Kanton und ändern sich von Zeit zu Zeit. Deshalb finden Sie hier nicht eine Aufstellung der geltenden Rechte und Vorschriften, sondern eine Liste von Adressen, bei denen Sie sich nach den gültigen Bestimmungen in Ihrem Angelrevier erkundigen können.

Adressen

Deutschland
Deutscher Anglerverband e.V. (DAV)
Hausburgstr. 13
10249 Berlin
Tel. 030-42 72 975
oder 42 60 113
Fax 030-42 69 135

Verband Deutscher
Sportfischer e.V. (VDSF)
Siemensstr. 11–13
63071 Offenbach a. M.
Tel. 069-85 50 06
Fax 069-87 37 70

Bundesministerium
für Ernährung,
Landwirtschaft und Forsten
Postfach 14 02 70
53107 Bonn
Tel. 0228-52 90
Fax 0228-52 94 410
Hier erhalten Sie die
Adresse der Obersten
Fischereibehörde
Ihres Bundeslandes.

Bundesforschungsanstalt
für Fischerei
Palmaile 9
22767 Hamburg
Tel. 040-38 90 50
Fax 040-38 90 5129

Österreich
Verband österr.
Arbeiter-Fischerei-Vereine
Lenaugasse 14
1080 Wien
Tel. 01-40 32 176
oder 40 39 754
Fax 01-40 32 120

Österr. Sport und
Fischereiverband
Laudongasse 16
1082 Wien
Tel. 01-40 84 629

Österr. Fischereigesellschaft
Elisabethstr. 22
1010 Wien
Tel. 01-58 65 248

Schweiz
Schweizerischer Fischerei-
Verband Geschäftsstelle
Tobias Winzeler
Postfach 8218
3001 Bern
Tel. 031-38 13 252
Fax 031- 38 20 289

Bundesamt für Umwelt,
Wald und Landschaft
Tel. 031-32 29 377
oder 32 29 332
Fax 031-32 30 371

Zum Weiterlesen

Bücher

Aichele, D.:
Das fängt man mit der Angel.
Kosmos, Stuttgart 1999.

Anneken, E., Jacob, T. & Specimen Hunting Group Dortmund:
**Angeltechniken –
Wege zum Fangerfolg**.
Kosmos, Stuttgart 2001.

Borne, M. v.d. & A. Göllner (Hrsg.):
Die Angelfischerei.
Paul Parey, Berlin 1998. (jetzt Kosmos)

Gerstmeier, R. & T. Romig:
Die Süßwasserfische Europas.
Kosmos, Stuttgart 1998.

Jacob, T.:
Forellen angeln.
Kosmos, Stuttgart 2001.

Staub, E.:
Anglerknoten leicht gemacht.
Kosmos, Stuttgart 2000.

Staub, E.:
Farbatlas der Angelfische.
Kosmos, Stuttgart 2000.

Willock, C.:
Das Große ABC des Fischens.
Paul Parey, Hamburg 1994.
(jetzt Kosmos)

**Frisch von der Angel –
Die besten Outdoor-Fischrezepte**.
Kosmos, Stuttgart 2001.

Zeitschriften

Fisch & Fang.
Paul Parey Zeitschriftenverlag, Singhofen.

Blinker.
Jahr-Verlag, Hamburg.

Angeln im Internet

www.vdsf.de
www.fischundfang.de
www.raubfisch.de
www.fischerpruefung.de
www.fische.de
www.fischernetz.com
www.fischweb.at
www.sfv-fsp.ch
www.fischerweb.ch
www.andreasjanitzki.de

REGISTER

Aal	63, 86	Grundblei	28	Regenbogenforelle	88
Aalglocke	60	Grundbleiangeln	56	Ringe	9
Abhaken	81	Grundbleimontage	61	Rollen	10
Abhakmatte	80	Gummifisch	29	Rotauge	84
Aktion	7			Rote Würmer	62
Allroundrute	6	**H**aken	17, 47, 49	Rotfeder	85
Anfüttern	48, 55	Haken schärfen	21	Rute	6
Angeldruck	33	Hakengrößen	19	Rutenführung	78
Angelkarte	34	Halten	52	Rutenspitze	57
Angelrute	6	Hänger	15		
Angelschnur	12	Hecht	66, 87	**S**chleie	85
Angeltiefe ermitteln	43			Schnurkapazität	10
Angelverein	35	**K**abeljau	89	Schnurlaufröllchen	11
Anhieb	74	Karabinerwirbel	16	Scholle	89
Aufspulen	13	Karpfen	84	Schonzeit	80
Ausloten	54	Kescher	78	Schwimmer	22
Ausrüstung (Überblick)	31	Knicklichter	26	Schwingspitze	57
Austarieren	27	Köder	43, 49, 62	Spinnfischen	68
Auswerfen	36	Köderfall	45	Spinnmontage	72
		Kunstköder	29, 70	Spitzenaktion	7
Bachforelle	88			Spulenwechsel	11
Barsch	86	**L**anden	77	Stationärrolle	10
Bebleiung	27	Laufpose	25, 50	Steckrute	8
Beißlaune	33	Laufposenmontage	50	Stippfutter	48
Bissanzeiger	58	Leuchtposen	26	Stopper	25
Bisserkennung	57	Lexikon	82	Strömungssituation	51
Bleiköpfe	30				
Bleischrot	27	**M**aden	44, 62	**T**auwürmer	62
Brassen	83	Mais	62	Teigköder	62
Bremse	11	Mindestmaß	80	Teleskoprute	8
Bremse einstellen	14	Mistwürmer	62	Tönnchenwirbel	16
Brotkruste	62	Mittelaktion	8	Töten	81
		Monofile	12	Tragkraft	12
Döbel	83			Tragkraftverhältnis	42
Dorsch	89	**N**achtangeln	26	Twisterschwanz	29
Driften	52				
Drill	76	**Ö**hrhaken	19	**Ü**berkopfwurf	37
Drillingshaken	19				
Durchgehende Aktion	8	**P**astenköder	62	**V**orfach	14, 20
		Pendelwurf	39		
Ersatzspule	11	pfeilförmige,		**W**eichblei, englisches	28
		fest stehende Pose	40	Weichplastikköder	71
Feeder	58	Plättchenhaken	19	Wetter	35
Fehlbisse	49	Plötze	84	Winkelpicker	58
Fließwasser	51	Posen	22	Wirbel	16
Fließwassermontage	52	Posenangeln	40	Wurfgewicht	6
Forellenteich	72	Posenfarbe	23		
Futterzubereitung	48	Posenformen	24	**Z**ander	67, 87
		Posenmontage	41	Zurücksetzen	80
Gewässerwahl	32			Zwillingshaken	19
Gewicht	61	**R**aubfischangeln	29, 63		
Grinnerknoten	18	Raubfischköder	29		

KOSMOS

Faszination Angeln

Kosmos Angelpraxis – Erfolg am Wasser!

Die Einsteigerreihe, die ihren Namen verdient:

- mit überschaubarem Aufwand zum sicheren Erfolg
- Grundtechniken kompakt und klar
- die richtige Grundausrüstung: wofür Sie Ihr Geld sinnvoll ausgeben
- mit Tipps und Tricks vom Profi

Andreas Janitzki
1 mal 1 des Angelns

96 Seiten
73 Abbildungen
kartoniert

ISBN 3-440-08555-4

Und wenn es dennoch „haken" sollte:
fragen Sie unsere Autoren, mit Kosmos-InfoLine.

Die Reihe wird fortgesetzt.

Tom Jacob
Forellen angeln

96 Seiten
58 Abbildungen
kartoniert

ISBN 3-440-08556-2

www.kosmos.de

KOSMOS

Faszination Angeln

Wichtige Angeltechniken im Überblick

Naturnah, spannend, vielfältig: Angeln ist eine herausfordernde Freizeitbeschäftigung. Was der Einsteiger über grundlegende Angeltechniken wissen muss, erfährt er in diesem Buch: Spinnfischen, Stipp- und Posenfischen, Grundangeln, Schleppangeln und die Kunst des Fliegenfischens sind nachvollziehbar beschrieben und anschaulich durch Zeichnungen und Farbfotos illustriert.

Anneken, Jacob,
Specimen Hunting Group Dortmund
Angeltechniken

176 Seiten
120 Abbildungen
gebunden

ISBN 3-440-07948-1

www.kosmos.de